スペシャルウィークのつくり方

ダービー馬の生産・調教・レース

別冊宝島編集部

JN227753

宝島社新書

スペシャルウィークのつくり方

ダービー馬の生産・調教・レース

別冊宝島編集部編

宝島社新書

目次

【序章】
名馬によって映し出された日本の競馬社会 …… 7
文／栗山求

【競馬場編】
騎手　武豊の興奮 …… 25
取材・文／島田明宏
1着でゴールしたらいつものようなガッツポーズはせず、鞭をくるりと回して上に向け、ゴールの瞬間に顔の横で軽く振るパフォーマンスを見せるつもりだった。ところが、勝利を確信すると同時に震えが来て、手の感覚がおかしくなっていた。左手に持った鞭を回そうとしたのはいいが、ぽろりと下に落としてしまった。騎手としてあらゆる記録を塗り替える天才・武豊をして、ここまで興奮させた「ダービー初制覇」の瞬間。

【調教編1】
調教師　白井寿昭の挑戦
取材・文／乗峯栄一
あるものは調教師一家の出身であり、またあるものは騎手出身であり……。
「厩舎村」とも呼ばれる閉鎖社会に飛び込んだ「異色の市井派トレーナー」の奮闘記。……69

【牧場編1――生産】
生産者　小野田一族の執着
取材・文／望田潤
「どうしてもシラオキの血を引く繁殖牝馬が欲しい……」
スペシャルウィークの四代母であり、稀代の名牝の血を得るために、日高大洋牧場が打った秘策とは？……107

【牧場編2――育成】
育成担当者　プライス・ティナの困惑
取材・文／村本浩平
強い馬を作る上で最近特に注目度が高くなっている「育成」とは、いったいどんなものなのか？　そしてスペシャルウィークには、どんな「育成」が施されたのか？……141

【調教編2】
調教助手　村田浩行の満足
取材・文／旭堂南太平洋
　飼葉付けから乗り運動まで、スペシャルウィークの厩舎生活で最も身近にいた寡黙な男が語る、「唯一、完璧な仕上げで出走できたレース」とは?
159

【種牡馬編】
種牡馬ビジネスの第一人者　吉田照哉の思惑
取材・文／後藤正俊
　日本馬産界のリーダー吉田照哉が、種牡馬としての素材のよさに惚れこみ、現役時代に購買を決めたスペシャルウィーク。フジキセキ、ダンスインザダーク、バブルガムフェローなど数ある「サンデーサイレンスの2世種牡馬」たちとの後継争いの行方を探る。
197

スペシャルウィーク　1995年5月2日生まれ　毛色：黒鹿

父：サンデーサイレンス　母：キャンペンガール（母父：マルゼンスキー　母母：レデイーシラオキ）
所属：栗東・白井寿昭厩舎　馬 主：臼田浩義　生産者：日高大洋牧場（北海道・門別町）
全成績10－4－2－1（うち芝10－4－2－1、ダート0－0－0－0）
収得賞金：4億8250万円（障害：0万円）本賞金：10億2400万円 ／ 1走当：6023万円

日付	開催	レース名	頭数	枠	人気	着順	騎手	斤量	距離・条件	タイム	差	上がり3F	体重
97年11月29日	5回阪神1日目	新馬	14	14	1	1着	武豊	54	芝1600m稍	1分36秒9	－0.3	34.8	464
98年1月6日	1回京都2日目	白梅賞500万下	16	3	1	2着	武豊	55	芝1600m良	1分36秒0	0.0	36.7	472
98年2月8日	2回京都4日目	きさらぎ賞GⅢ	16	1	1	1着	武豊	55	芝1800m良	1分51秒3	－0.6	35.7	466
98年3月8日	2回中山4日目	弥生賞GⅡ	13	13	2	1着	武豊	55	芝2000m良	2分01秒8	－0.1	35.4	466
98年4月19日	3回中山8日目	皐月賞GⅠ	18	18	1	3着	武豊	57	芝2000m良	2分01秒6	0.3	36.1	476
98年6月7日	3回東京6日目	東京優駿GⅠ	18	5	1	1着	武豊	57	芝2400m稍	2分25秒8	－0.9	35.3	468
98年10月18日	5回京都4日目	京都新聞GⅡ	16	10	1	1着	武豊	57	芝2200m稍	2分15秒0	－0.1	36.4	478
98年11月8日	6回京都2日目	菊花賞GⅠ	18	17	1	2着	武豊	57	芝3000m良	3分03秒8	0.6	34.1	476
98年11月29日	5回東京8日目	ジャパンカップGⅠ	15	9	1	3着	岡部	55	芝2400m良	2分26秒4	0.5	35.3	470
99年1月24日	1回中山8日目	アメリカGⅡ	11	4	1	1着	ペリエ	58	芝2200m良	2分16秒8	－0.5	35.0	466
99年3月21日	1回阪神8日目	阪神大賞GⅡ	9	5	2	1着	武豊	58	芝3000m重	3分13秒4	－0.1	37.5	476
99年5月2日	3回京都4日目	天皇賞・春GⅠ	12	3	1	1着	武豊	58	芝3200m良	3分15秒3	－0.1	34.2	476
99年7月11日	3回阪神8日目	宝塚記念GⅠ	12	9	1	2着	武豊	58	芝2200m良	2分12秒6	0.5	35.9	480
99年10月10日	4回京都2日目	京都大賞典GⅡ	10	7	1	7着	武豊	59	芝2400m良	2分25秒1	0.8	35.2	486
99年10月31日	4回東京8日目	天皇賞・秋GⅠ	17	9	4	1着	武豊	58	芝2000m良	1分58秒0	－0.1	34.5	470
99年11月28日	5回東京8日目	ジャパンカップGⅠ	15	13	2	1着	武豊	57	芝2400m良	2分25秒5	－0.2	35.9	468
99年12月26日	5回中山8日目	有馬記念GⅠ	15	3	2	2着	武豊	57	芝2500m良	2分37秒2	0.0	34.5	464

序章

名馬によって映し出された日本の競馬社会

文／栗山求

一九九九年十二月二十六日、中山競馬場——。

一生のうちに何度も見られないようなレースが、そこで展開された。

中央競馬の一年をしめくくる第四十四回有馬記念。

出走15頭は、鞭に励まされながら最後の直線に入り、中山名物の急坂を駆け上がっていく。

懸命に粘るのは1番人気のグラスワンダー、外から襲いかかるのは2番人気のスペシャルウィーク。

湧き起こる地鳴りのような喚声は、いっそうボルテージを上げてスタンドを揺るがし、薄曇りの冬空を激しく震わせる。もつれあった栗毛と黒鹿毛が、時計の針のように重なった瞬間、ゴール板が二頭をとらえた。

ゴール間際の攻防は歴史に残るきわどさだった。火花が散り、電光を発したかのような凄まじさだった。日本を代表する名馬が一騎打ちでゴールを駆け抜ける——という有馬記念は、テンポイントとトウショウボーイで決着した一九七七年、オグリキャップとタマモクロスで決着した一九八八年などがある。一九九九年のこの一戦も、やがてそうした名勝負の列に加えられるだろう。

「内国産馬の中の内国産馬」

一九七〇年代から八〇年代にかけて、日本競馬に大きな変化はなかった。ジャパンCが創設され、ミスターシービー、シンボリルドルフという二頭の三冠馬が世に出たものの、競馬社会は太平の眠りのなかにあった。しかし、九〇年以降、日本競馬はドラスティックに一変する。改革の波に洗われ、以前とはまったく異なる姿に生まれ変わったのである。

最大の変化は「外国産馬の大量流入」。プラザ合意（一九八五年）による急激な円高と、その後のバブル景気によって、ジャパンマネーはアメリカやヨーロッパのセリ市になだれこんだ。目を見張るような良血の外国産馬が日本人の手によって次々と落札され、それらはやがて日本に上陸する。

八〇年代まで、外国産の重賞勝ち馬は微々たるものだったが、九〇年代に入ると、まさに「ビッグバン」というべき勢いで増加していった。シンコウラブリイ、ヒシアマゾン、タイキブリザード、タイキシャトル、シーキングザパールといった馬たちを抜きに九〇年代の競馬を語ることはできない。スペシャルウィークのライバル・グラスワンダーは、米国の著名なセリ市であるキーンランド・セプテンバーセールで購入されたもので、そうした「外国産馬」の系譜に連なる馬である。フランスで赫々《かっかく》たる活躍をしたエルコンドルパサーもまた、配合こそ日本人の手によってなされたとはいえ、米国の牧場で生まれた外国産馬であった。

もうひとつの変化は「大物種牡馬の導入」。これも前記のジャパンマネーと深い関わりがある。海外からの種牡馬導入は明治以来長い歴史を持つが、かつては資金力に乏しいがため、競走実績が一流半、名馬の全弟（父母ともに同じ兄弟）、名競走馬だったが種牡馬成績はイマイチ、といった決め手に欠ける種牡馬を導入するケースが多かった。しかし、八〇年代の後半から、日本の生産者は潤沢な資金をバックに海外に乗り出し、欧米のトップクラスとまったく遜色のない超一流種牡馬を購買するようになった。

欧米のビッグレースの勝ち馬が翌年日本で種牡馬入りする、という流れが当たり前のようになり、日本の生産界は、さながら「世界の良血見本市」といった様相を呈するまでになった。

サラブレッドは「血統」によって改良が促される。最新の良血がひっきりなしに入ってくれば、当然、日本産馬の実力は飛躍的にアップする。そして、質の高い外国産馬と切磋琢磨することによって、両者の実力はさらに高まり、日本競馬全体のレベルが底上げされるだろう。

る結果となった。近年のジャパンCや海外遠征における好成績は、その成果であるといえるだろう。

数多く輸入された種牡馬のなかで最大の大物といえば、いうまでもなく社台グループのサンデーサイレンスである。

同馬はアメリカで生まれ、激しい闘志とずば抜けた身体能力を武器に、GI5勝をふくむ14戦9勝の成績を残した。4歳時の一九八九年、ケンタッキー・ダービー、ブリーダーズCクラシックの二大レースを制し、ライバルのイージーゴーアーを抑えて年度代表馬に輝いた。八〇年代のアメリカを代表する名馬といってもまちがいではない。

一九九〇年、社台ファーム（当時）が一千百万ドル（約十六億五千万円）で購買し、総額二十五億円のシンジケートを組んだ。産駒がデビューしてからの活躍ぶりは、ここで改めて説明するまでもないだろう。日本生産界が手にした史上最高の種牡馬であり、おそらく世界のいかなる国で供用されたとしても、トップに君臨するだけの力を持っている。

スペシャルウィークはこのサンデーサイレンス産駒である。一年間に日本で生まれる約九千頭のサラブレッドのうち、わずか百数十頭のみがこの黄金の血を受け継ぐ。内国産馬として最もファッショナブルなエリートである。ただし、スペシャルウィークの場合、最新の父系に対して母系は、日本競馬史そのものといっていいほどの歴史と伝統を誇り、その対照性はきわめてユニークである。

牝祖のフロリースカップは、一九〇七（明治四十）年、岩手の名門・小岩井農場がイギリスから輸入した繁殖牝馬で、戦前、戦後を通じてその子孫からは数え切れないほどの名馬が誕生した。インタグリオー、ガロン、シアンモア、ダイオライト、プリメロ、ヒンドスタン、セントクレスピン、マルゼンスキー……。約百年にわたって代々交配しつづけてきた種牡馬はそのときどきの超一流ばかりで、これほど長期間にわたって高いレベルを維持してきた牝系も珍しい。そして、その末裔にサンデーサイレンスが配され、スペシャルウィークが誕生した。

つまりスペシャルウィークは、日本生産界の歴史をそのまま反映した血統の持ち主で、「内国産馬のなかの内国産馬」というべき存在なのである。

一九九八年4歳世代の実力

一九九八年の４歳世代は、おそらく史上最強だろう。

世代全体の厚みではなく、スペシャルウィーク、グラスワンダー、エルコンドルパサーの三強が傑出し、他の世代とは隔絶した高みに達している。

　エルコンドルパサーは一九九九年に長期のフランス遠征を敢行し、GIのサンクルー大賞を勝ったほか、ヨーロッパ最高のレースである凱旋門賞でも2着と健闘した。

　一九九九年十二月三十一日付の英『レーシング・ポスト』紙に、「二十世紀の世界の名馬百傑」という特集記事が掲載されているが、1位シーバード（フランス・一九六二年生）、2位セクレタリアト（アメリカ・一九七〇年生）以下、百頭のそうそうたる名馬たちのなかに、なんと日本のエルコンドルパサーが堂々と86位にランクインしている。もちろん、アジアの馬としては唯一の百傑入りであり、ホーリーブル（アメリカ・一九九一年生）、レファランスポイント（イギリス・一九八四年生）、スワーヴダンサー（フランス・一九八八年生）、ナシュワン（イギリス・一九八六年生）といった著名馬よりも上である。ちなみにラムタラは百位以内に入っていない。

　グラスワンダーは4歳時に、そのエルコンドルパサーと毎日王冠で対戦し、本調子にならなかったこともあって5着に敗れた（エルコンドルパサーは2着）。しかし、有馬記念、宝塚記念、朝日杯三歳Sを勝ったときの圧倒的なレースぶりから、国内におけるファンの評価はエルコンドルパサーと同等といってよく、グラスワンダーのほうが強いという意見も根強い。

この二頭は外国産馬である。それも「怪物」といっていいほどの恐るべき能力の持ち主である。もし仮に日本に輸入されず、アメリカ、イギリス、フランスあたりで走っていたとしても、楽々と年度代表馬になっていただろう。

そして、この両馬に、真っ向から戦いを挑んだ唯一の馬が、スペシャルウィークである。日本競馬の歴史を背負ったこの正統的な内国産馬は、4歳春にダービーを5馬身差で圧勝し、5歳になってからは、国際レースのジャパンCと春秋の天皇賞を制した。ジャパンCでは、凱旋門賞でエルコンドルパサーを破ったモンジューを横綱相撲でくだしている。総獲得賞金は十億円を突破し、四冠馬ナリタブライアンを抜いて日本歴代1位に躍り出ている。

「円高」と「バブル景気」の余波は、エルコンドルパサーとグラスワンダーを日本にもたらした。その一方で、名種牡馬サンデーサイレンスを日本に上陸させ、日本の在来牝系との間にスペシャルウィークという傑作を誕生させた。この三頭は、一見バラバラに見えながら、じつは日本競馬を決定的に変質させるに至った社会的事の産物という点で共通している。

思えばスペシャルウィークとは奇妙な馬である。ふつう、これだけの実績を残した馬ならば、年度代表馬に選ばれるのはもちろんのこと、殿堂入りも検討されてしかるべきである。しかし結局、5歳時に「特別賞」を受賞しただけで、最優秀4歳牡馬、5歳牡馬にすら選ばれていない。

きわめて高いレベルにあるこの三強の一角を、内国産のスペシャルウィークが占めているという事実は、生産、育成、調教を含めた日本競馬のレベルアップを物語るものだろう。エルコンドルパサーやグラスワンダーと互角に渡り合っているということは、それだけで十分に世界水準に達していることを証明する。

名馬によって映し出された日本の競馬社会

スペシャルウィークの血統が、日本生産界の歴史を映し出しているように、その生い立ちを眺めると、競馬社会の現在の姿が垣間見える。

生まれ故郷の日高大洋牧場は、一九七〇年に創設された門別の中堅牧場である。牧場を創設した小野田正治（一九七八年死去）は、フロリースカップ系の「中興の祖」ともいえるシラオキの系統に特別な思い入れを持ち、名門・鎌田牧場からレディーシラオキという牝馬を手に入れた。これがスペシャルウィークの祖母である。母キャンペンガールは気性の激しい馬で、繁殖牝馬となるとその特徴を産駒に伝えた。そのため、最高の種牡馬であるとはいえ、気の強い産駒を出すことで定評のあるサンデーサイレンスを交配することは、危険な賭けとなる可能性も秘めていた。

残念なことにキャンペンガールは、スペシャルウィークを出産した直後に死亡する。そのため、生まれたばかりの孤児は、ばんえい競馬用の乳母に育てられることになった。

現日高大洋牧場のゼネラルマネージャー・小野田宏はこう語る。

「乳母が気性のきつい馬でした。だから他の馬と比べても、離乳までの間に絶えず人間が手をかけていたので、人間に対しての信頼がもの凄く厚いのでしょうね」

精神的に大人びており、たとえば草を食べているときも、他馬と群れずに一頭だけでポツンと食べているようなクールな馬だったという。気性の激しい両親から生まれた産駒が、まったく逆のタイプになるのだからおもしろい。

幼駒の段階を過ぎ、競走馬としてデビューするための育成段階に入ると、牧場でもその乗り味のよさが評判となった。初期の育成を担当したのはニュージーランド出身のプライス・ティナという女性だった。この馬にほれ込んだ彼女は、他のスタッフが十分程度で終わる手入れを最低でも三十分かけてやっていたという。

やがて、さらに高度な調教を積むためノーザンファームの空港牧場へ移されることが決まったとき、彼女は「厩舎へ行くのなら仕方がない、でも、他の育成牧場に行くのなら、調教師や馬主さんを説得してほしい」と、涙を流して小野田宏に訴えた。ひょろっと背が高く、まだ華奢な体つきのこの若駒に、並々ならぬ素質を感じていたからこそ、これほどの抵抗を見せたのだ。

スペシャルウィークを預かることになった白井寿昭調教師は、競馬サークルの外で生まれ、大学でもマンドリン部でギターをひいていたという異色の経歴の持ち主である。大学卒業後に厩務員となり、五年で調教助手となり、さらに五年で調教師試験に合格した。三十三歳の若さだった。

「競馬は素材だ」という信念を持つ白井寿昭は、血統に造詣が深い。ダンシングキイというアメリカ産の繁殖牝馬を、日本に輸入される前から注目していたのはひとつの例である。その馬を社台が買ったという情報を聞きつけると、彼は早速オーナーのもとへ飛んで行き、産駒の管理を申し入れる。やがてダンシングキイが産んだ娘——のちのダンスパートナー

Turn-to 米6勝 サラトガスペシャル、フラミンゴS	Royal Charger
	Source Sucree
Nothirdchance 米11勝 エイコーンS	Blue Swords
	Galla Colors
Cosmic Bomb 米11勝 アーリントンフューチュリティ	Pharamond
	Banish Fear
Almahmoud 米4勝	Mahmoud
	Arbitrator
Promised Land 米21勝 ピムリコスペシャル、サンジャンカピストラーノH、ニッカボッカーH、ローマーH	Palestinian
	Mahmoudess
Pretty Ways 米0勝	Stymie
	Pretty Jo
Montparnasse 亜米5勝	Gulf Stream
	Mignon
Edelweiss 不出走	Hillary
	Dowager
Northern Dancer 米14勝 ケンタッキーダービー、プリークネスS、フロリダダービー、レムスンS	Nearctic
	Natalma
Flaming Page 米4勝 クイーンズプレート、カナディアンオークス	Bull Page
	Flaring Top
Buckpasser 米25勝 アーリントンクラシック、シャンペンS、ホープフルS、トラヴァーズS	Tom Fool
	Busanda
Quill 米14勝 エイコーンS、マザーグースS、デラウェアH、ガーデニアS、メイトロンS	Princequillo
	Quick Touch
Aureole 英7勝 キングジョージ&クイーンエリザベスS、コロネーションC	Hyperion
	Angelola
Neocracy 英2勝	Nearco
	Harina
ヒンドスタン 英愛2勝 愛ダービー	Bois Roussel
	Sonibai
シラオキ 9勝 函館記念	プリメロ
	第弐スターカップ

スペシャルウィーク

牡　1995　黒鹿

<table>
<tr><td rowspan="4">サンデーサイレンス
1986　青鹿
米９勝
ブリーダーズCクラシック(米GⅠ)、ケンタッキーダービー(米GⅠ)、プリークネスS(米GⅠ)</td><td rowspan="2">Halo
1969　黒鹿
米９勝
ユナイテッドネイションズH（米GⅠ）</td><td>Hail to Reason
1958　黒鹿
米９勝
ホープフルS、サプリングS、ユースフルS</td></tr>
<tr><td>Cosmah
1953　鹿
米９勝
アスタリアS</td></tr>
<tr><td rowspan="2">Wishing Well
1975　鹿
米12勝
ゲイムリーH（米GⅡ）</td><td>Understanding
1963　栗
米７勝
スタイヴァザントH</td></tr>
<tr><td>Mountain Flower
1964　鹿
米０勝</td></tr>
<tr><td rowspan="4">キャンペンガール
1987　鹿
不出走</td><td rowspan="2">マルゼンスキー
1974　鹿
８勝
朝日杯３歳S、
日本短波賞</td><td>Nijinsky
1967　鹿
英愛仏11勝
英ダービー、英2000ギニー、英セントレジャー、愛ダービー、キングジョージ&クイーンエリザベスS</td></tr>
<tr><td>シル
1970　鹿
不出走</td></tr>
<tr><td rowspan="2">レディーシラオキ
1978　鹿
４勝</td><td>セントクレスピン
1956　栗
英仏４勝
凱旋門賞、エクリプスS</td></tr>
<tr><td>ミスアシヤガワ
1964　鹿
２勝</td></tr>
</table>

ⒶⒷⒸⒹ

ミサキネバアー（牡 1979 *ネヴァービート）(公)A 0勝
東京王冠賞、大井記念 ②天皇賞
ヒデカブト（牡 1967 *タマナー）7勝 札幌記念
ヒデハヤテ（牡 1969 *タマナー）6勝 阪神3歳S、京成杯、きさらぎ賞
ヒデシラオキ（牝 1972 *タマナー）1勝
スプリーム（牝 1979 *シーホーク）
シングルホーク（牝 1983 *サンプリンス）1勝 ③3歳牝馬S・西(GⅢ)
プレミアムプリンス（牡 1992 *ジェイドロバリー）4勝（公）②マーチS(GⅢ)
レーシンググレイス（牝 1977 *プルバン）0勝
ワイドバトル（騸 1987 *ロイヤルニジンスキー）10勝 小倉大賞典(GⅢ)
クイーンシラオキ（牝 1982 *コインドシルバー）3勝
ダイカツストーム（牡 1990 マルゼンスキー）1勝 障害3勝 中山大障害
ミスエリザベス（牝 1961 *ガルカドール）1勝
アシヤアベベ（牡 1965 *テューダーペリオッド）6勝 ③阪神3歳S
ピラトス（牡 1966 *テューダーペリオッド）3勝 ②札幌3歳S
ヒデタイガー（牡 1970 *ミンシオ）1勝 ②札幌3歳S
ハギノカオリ（牝 1976 *イエローゴッド）3勝 ②デイリー杯3歳S
ウインナー（牝 1962 *ソロナウェー）0勝
ナカヤマホマレ（牝 1967 *ムーティエ）2勝
エイミ（牝 1973 *アポッスル）
スーパーファントム（牡 1984 *コリムスキー）3勝 京成杯(GⅢ)
カップスタン（牝 1969 *ヒンドスタン）
ニッコーテスコ（牝 1977 *テスコボーイ）3勝
グレースシラオキ（牝 1984 *ノノアルコ）(公) 3勝 根岸S(GⅢ)
カズノシラオキ（牝 1990 ニッポーテイオー）4勝 ③セントウルS(GⅢ)
ニシノシラオキ（牝 1970 *ムーティエ）5勝 ③関屋記念
タイヨウシラオキ（牝 1972 *フロリバンダ）(公)
コーリンオー（牡 1981 *ドン）7勝 スワンS(GⅡ)
キシノコダマ（牝 1975 *ムーティエ）
アイアンシロー（牡 1982 ダイコーター）8勝 中山金杯(GⅢ)
ウインシール（牝 1979 *カウアイキング）1勝
リバティリッチ（牡 1986 *キャタオラ）(公)A 青雲賞、しらさぎ賞
ミスアシヤガワ（牝 1964 *ヒンドスタン）2勝
ミスシラオキ（牝 1975 *ロムルス）
スターサンシャイン（牡 1986 サンシャインボーイ）4勝
毎日杯(GⅢ)、京都4歳特別(GⅢ)
レディーシラオキ（牝 1978 *セントクレスピン）4勝
キャンペンガール（牝 1987 マルゼンスキー）
スペシャルウィーク（牡 1995 *サンデーサイレンス）10勝 ダービー(GⅠ)、ジャパンC(GⅠ)、天皇賞〔春・秋〕(GⅠ)、阪神大賞典(GⅡ)、アメリカJCC(GⅡ)、弥生賞(GⅡ)、京都新聞杯(GⅡ)、きさらぎ賞(GⅢ)
マルブツドーター（牝 1968 *バウンドレス）1勝
マルブツバンシー（牝 1975 *サウンドトラック）1勝
マルブツチーター（牝 1982 *キャタオラ）
キタノジライ（牡 1991 *スプレンディドモーメント）(公) 全日本3歳優駿
マルブツロンリー（牝 1984 *プレイヴェストローマン）4勝 サファイヤS(GⅢ)
ホマレイチ（牡 1953 ハルステーツ）8勝 大阪杯
タツテル（牡 1955 *ライジングフレーム）9勝 (公) 京阪杯

スペシャルウィーク牝系概観図

第弐スターカップ（牝 1937 *ダイオライト）(競)ミスコウア 3勝
　ブレーブ（牡 1943 *プリメロ）5勝 障害4勝 (公) ②中山大障害
　シラオキ（牝 1946 *プリメロ）9勝 ②ダービー、③オークス
　　コンゴーセキ（牝 1953 *ヴィーノーピュロー）4勝
　　　ゴーフウ（牝 1958 ハタカゼ）1勝
　　　　マサゴ（牝 1965 *プライドオブキルデア）1勝
　　　　　スミカ（牝 1969 シンザン）
　　　　　　ハシハリー（牡 1976 *スティンティノ）5勝 ②金鯱賞、③阪神3歳S
　　　　フウエツ（牝 1968 *ムーティエ）
　　　　　タニノチェスター（牡 1972 *ネヴァービート）10勝 阪神大賞典
　　　　フーセン（牝 1973 *ハードリドン）
　　　　　シンシラオキ（牝 1978 シンザン）
　　　　　　ショノロマン（牝 1985 リードワンダー）5勝 ローズS(GⅡ)
　　　ミスサチヨ（牝 1959 *ブッフラー）4勝 (公)
　　　　サチカマダ（牝 1968 *ヴィミー）4勝
　　　　　ミスカマダ（牝 1975 *ネプテューヌス）4勝
　　　　　　キッポウシ（牡 1982 アローエクスプレス）6勝 カブトヤマ記念(GⅢ)
　　　　　　マチカネエルベ（牝 1983 アローエクスプレス）3勝
　　　　　　　②サファイヤS(GⅢ)、③桜花賞(GⅠ)
　　　　　アカイシレディー（牝 1977 *ボールドリック）0勝
　　　　　　サリークラウン（牝 1982 *ダイアトム）5勝 ③クイーンS(GⅢ)
　　　コウセキ（牝 1966 メイズイ）2勝
　　　　ハシコトブキ（牡 1974 シンザン）9勝 京都記念、朝日CC、愛知杯
　　　ミリオンパラ（牡 1968 *バウンドレス）8勝 ②天皇賞
　　コダマ（牡 1957 *ブッフラー）12勝 ダービー、皐月賞、宝塚記念、阪神3歳S、
　　　スプリングS、大阪杯、スワンS
　　シンツバメ（牡 1958 *ヒンドスタン）4勝 皐月賞
　　ワカシラオキ（牝 1960 *ソロナウェー）3勝
　　　ローズトウショウ（牝 1965 *テューダーペリオッド）0勝
　　　　シルバートウショウ（牝 1970 *フィダルゴ）0勝
　　　　　リンドンシチー（牡 1977 *ドン）3勝 ③小倉大賞典
　　　　トウショウロック（牡 1971 *チャイナロック）7勝 ダイヤモンドS、ステイヤーズS
　　　　グレイトウショウ（牝 1974 *シルバーシャーク）3勝
　　　　　アテナトウショウ（牝 1981 トウショウボーイ）2勝 ③クイーンC(GⅢ)
　　　　　　アサクサキャノン（牡 1987 *ノーザンディクテイター）3勝
　　　　　　　②セントライト記念(GⅡ)
　　　　　　マチカネフクキタル（牡 1994 *クリスタルグリッターズ）6勝
　　　　　　　菊花賞(GⅠ)、京都新聞杯(GⅡ)、神戸新聞杯(GⅡ)
　　　　コーニストウショウ（牝 1977 *ダンディルート）0勝
　　　　　シスタートウショウ（牝 1988 トウショウボーイ）4勝 桜花賞(GⅠ)
　　　リンダセニョリータ（牝 1966 *ヒンドスタン）(公)
　　　　ヤマトシャルダン（牝 1973 *セダン）(公)
　　　　　サンエイソロン（牡 1978 *パーソロン）6勝
　　　　　　スプリングS、NHK杯、京都新聞杯、大阪杯
　　　　　レイホーソロン（牝 1983 *パーソロン）3勝
　　　　　　サマニベッピン（牝 1990 *ノーザンテースト）8勝
　　　　　　　阪神牝馬特別(GⅡ)、金鯱賞(GⅢ)、府中牝馬S(GⅢ)
　　　　　ゴールドユウマ（牝 1986 *プレイヴェストローマン）0勝
　　　　　　ミスズシャルダン（牡 1995 *トニービン）5勝 ②中山金杯(GⅢ)

ⒶⒷⒸⒹ

牝馬概観図の見方……馬名のあとのカッコ内は（性別、生年、父）、カッコ後は競争成績。例えば系図最上段の第弐スターカップは牝馬の1973年生まれで父がダイオライト、現役時はミスコウアという名前で走り、3勝を挙げた。1文字右にずれると、その子どもになる。第弐スターカップの子どもにはブレーブ、シラオキ、ホマレイチ、タツテルがいることになる。

——は、白井寿昭にオークスとエリザベス女王杯のタイトルをもたらすことになった。

その彼にとって、「シラオキ系の馬をやりたい」という欲求は、厩舎スタッフ時代から抱いていた長年の夢だった。そこで、同じようにシラオキ系に注目していた日高大洋牧場との間に絆が生まれ、その情熱はやがてスペシャルウィークに結晶することになる。

持ち乗り調教助手の村田浩行は、まだ二十六歳の若者ながら、すでにダンスパートナーとスペシャルウィークという二頭のGIホースを担当した強運の持ち主である。寡黙な男で無駄口は叩かない。大人びて物に動じないスペシャルウィークとはいいコンビである。

スペシャルウィークは食欲の旺盛な馬で、大好物はバナナ。カイバは与えたら与えただけ食べる。しかし、決して太ることがないのは、他の馬との運動量が違うためである。この大食漢ぶりが、ハードトレーニングに耐えられる体力を培ってきたといえる。そして、競走生活を通じて大きなケガをしなかったのは、常日頃から細心の注意を払って世話をしてきた村田浩行の功績である。

武豊騎手は、初めてスペシャルウィークにまたがったときから「並の馬ではない」とその素質を見抜き、デビュー戦ではあえて周囲に馬を置き、前の馬のハネ上げる泥や芝カスをかぶらせた。それを難なくクリアしたとき、武豊はダービーでこの馬に乗ることを決意する。そして半年後、その決意どおりスペシャルウィークの手綱を握り、念願のダービー制覇を成しとげた。あらゆる騎手記録を更新してきた彼にとって、これが初めてのダービーの美酒だった。

素質は一番と評価されながらも、4歳時はひ弱さが目立ち、ダービーを5馬身差で圧勝したほかは、皐月賞、菊花賞、ジャパンCと惜敗を繰り返した。5歳時には本格化し、ジャパンCと春秋の天皇賞、阪神大賞典、AJC杯に優勝した。宝塚記念は1番人気に推されたものの、グラスワンダーに3馬身差をつけられる完敗だった。

それだけに、現役最後の一戦となる有馬記念では、武豊はぜひとも雪辱を果たしたかった。秋の天皇賞、ジャパンCに続き、有馬記念も制するとなれば、「秋の中距離GI三連勝」という空前の大記録を達成することになる。

寒空を切り裂くような大喚声のなか、グラスワンダーと競り合いつつゴール板を駆け抜けたとき、武豊はギリギリ差し切った、絶対に自分が勝っている――と思った。そう確信したからこそ、向正面に流していた馬をそのまま走らせ、馬場を一周し、スタンド前でウイニングランを敢行した。二度、三度と握りこぶしをつくり、左手で馬の首筋をポンポンと叩き、労をねぎらった。

ところが、電光掲示板の1着馬の欄に灯った馬番は、グラスワンダーをあらわす「7」の文字だった。

「あ～あ、スペシャルの引退式、やってしもうたァ」

レースから数日後、遠征先のアメリカで、武豊は酔いにまかせてそんなジョークをいったという。

●

スペシャルウィークという一頭の競走馬を、それにかかわるさまざまな人々の姿を通じてこの本は描き出そうとしている。繊細で壊れやすいサラブレッドという生き物が、人との絆のなかでいかにして育まれ、大成してゆくのか。読み終わったとき、スペシャルウィークのみならず、日本競馬の全体像も浮かび上がっていることだろう。

競馬場編

騎手

武豊の興奮

取材・文／島田明宏

１着でゴールしたらいつものようなガッツポーズはせず、鞭をくるりと回して上に向け、ゴールの瞬間に顔の横で軽く振るパフォーマンスを見せるつもりだった。

ところが、勝利を確信すると同時に震えが来て、手の感覚がおかしくなっていた。左手に持った鞭を回そうとしたのはいいが、ぽろりと下に落としてしまった。

騎手としてあらゆる記録を塗り替える天才・武豊をして、ここまで興奮させた「ダービー初制覇」の瞬間。

出会い

武豊が初めて日本ダービーに参戦したのは、デビュー二年目の八八年、そのときは16着だった。

その後、八九年10着、九〇年5着、九一年19着、九二年は騎乗馬なし、九三年3着、九四年4着、九五年8着、九六年2着、九七年5着……と、栄冠に近づいてはまた遠のく、といったことを繰り返していた。

「武豊はダービーを勝てない」

そういわれつづけた。

彼はなぜ騎手になったのか――ダービーを勝ちたいと思ったからだ。

子どもの頃、どんなレースを勝つことを夢見ていたのか――それもダービーだった。

なのに、栄冠はいつもするりと彼の手から逃げていく。

東西に二百名弱の騎手がいる。それなら自分に二百分の一の確率でチャンスが巡ってきてもよさそうだが、

「日本では、一年に約一万頭のサラブレッドが生産されていますよね。僕には、その一万分の一の確率しか与えられていないように感じられました」

ほとんどすべての最速・最年少記録を大幅に塗り替え、リーディングの座を指定席にした天才騎手にとっても、日本ダービーだけは〝遠いタイトル〟だった。

九六年、「三冠を獲れると思った」ダンスインザダークで臨んだときは、あと一歩のところでフサイチコンコルドの強襲にあい、僅差の2着に終わった。

——あんなチャンスは、次にいつ来るかわからないな。

そう思っていたときに、一頭の3歳馬に出会った。

九七年十一月半ば、栗東トレーニングセンターでのことだった。


豊にとって、その馬、スペシャルウィークとの出会いは突発的な〝事件〟であった。

「サンデーの男馬がおるんやけど、乗ってくれるか?」

調教師の白井寿昭が声をかけてきた。

「はい、いいですよ」

「じゃあ、ゲートから半マイルの追い切り、頼むわ」

さらに、二週後の新馬戦を使うつもりであることを告げられた。

厩舎から調教スタンドまで曳かれてきたスペシャルウィークを見て、その整った顔だちにはっとした。

ともすれば、日常のひとコマとして過去に埋没しかねない未出走馬の追い切りが、その瞬間、特別なものになった。

跨ってみると、ずいぶん個性的な馬だな、と思った。ひょろっと背が高く、馬体の幅もあまりない、華奢な感じだ。

――なんだか、幸四郎みたいやな。

ゲートまで行く道すがら、「へえ」と思わされた。どっしりとした風格があるわけではないのだが、他馬がビクッとおかしな動きをしてもまったく気にする様子がない。実に飄々としている。

他馬と自分とを切り離して考えているというか、自分の世界に入り込み、外部の出来事には揺り動かされないというか、ともかく、ちょっと変わった馬だ。

ゲートを出て、少しずつスピードを上げていった。

スペシャルウィークのストライドが大きくなるのにつられるように、豊の胸の鼓動も速まった。

全身の力を無駄なく前への推進力に転換する綺麗なストライド、馬銜《ハミ》を詰めたときの鋭い反応、そして抜群の乗り味――。

並の馬ではない。

走り終えての息の戻りも驚くほど早い。今追い切られたばかりの3歳馬とは思えないような涼しい顔で歩いている。

豊は、翌年のダービーのゴールをはっきりと意識した。

同時に、二年前の初夏、社台ファームでデビュー前のダンスインザダークに跨った日のことを思い出していた。

あのときは、自身の手綱でオークスを勝ったダンスパートナーの全弟であることをあらかじめ知らされていた。乗る前から期待し、その期待に十二分に応える走りをしてくれたことで、翌九六年のダービーを意識した。彼を充たしたのは胸躍るような喜びだった。

しかし、スペシャルウィークの場合は、なによりも驚きが先に来た。

――こんな馬がいたんだ。こんな馬に、なんの前触れもなく出会えることが、本当にあるなんて……！

それにしても――。

と、不思議な縁を感じずにはいられなかった。

スペシャルウィークのデビューの舞台は、年末の阪神開催初日に組まれた芝一六〇〇mの新馬戦。それは、ダンスインザダークのデビュー戦と同じレースなのである。

しかも、厩舎は、姉のダンスパートナーと同じ白井厩舎、持ち乗りで担当する助手も同じく村田浩行。

デビュー前にダービーを意識させられた二頭の駿馬が、同じ道を行こうとしている。いや、同じではいけない。

十度目の挑戦となる九八年のダービーは、なんとしてもスペシャルウィークで勝ちたい、勝たなくてはならない。

英才教育

ダンスインザダークに乗ったダービーで惜敗した直後、彼はこういった。

「1コーナーまで少し行きたがった。悔やまれるとしたら、あそこですね」

トピカルコレクターに少しつつかれるような恰好で、逃げた馬からそう差のない3〜4番手を進んだ。ゆったりした流れのなか、先行抜け出しの横綱相撲をとりにいって足元をすくわれたのだから仕方がない……、彼の騎乗は、概ねそのように論評された。

しかし、豊はそうは思っていなかった。自身の思う〝本当の敗因〟は誰にも話さずにいた。むろん、それは右のコメントとは異なるものである。というより、そのさらに奥に存在するものであった。

「ダービーの前のレースで、もっと違った乗り方をすることもできたと思う。そうしておけば、本番での結果も違ったんじゃないかな、と」

そう話したのは、ダンスインザダークでの惜敗から二年半以上経った日のことだった。

前のレースでできた、違った乗り方――。

ダービーの前走のプリンシパルステークスでは、他を寄せつけぬ圧勝劇を見せた。が、それはダービーより1ハロン短い東京芝二二〇〇m、しかも本番のような厳しいペースにならない舞台で勝つ乗り方だった。

――あのときも、東京芝二四〇〇mを勝つためのラップを刻み、東京芝二四〇〇mならではのペースの上げ方、動き方をすべきだったのではないか。

豊は、そう考えていたのだ。

そして、それを実践できる馬が現れるのを待っていた。

彼は、スペシャルウィークに、すべてのレースでダービーを見据えた〝英才教育〟をほどこすことを決めた。

九七年十一月二十九日、阪神競馬場。

第7レースの新馬戦が、武豊・スペシャルウィークの初陣となった。

大外14番枠からの発走となった同馬を馬ごみに入れて落ちつかせ、直線に向いてから外に出すや、鋭く抜け出して勝った。

新馬戦での第一の目標は、当然、勝つことである。次に、馬にレースを教え、レースを嫌いにならないようにすること（そのため、一流の騎手は新馬戦ではなるべく鞭を使わないようにしている）。

勝つために、スピードのある馬ならゲートからビュンビュン飛ばし、その時点での能力を最大限発揮させる。また、レースを覚えさせるため、最初の関門であるゲートをなるべく速く出す。そして、他馬に揉まれたり、泥をかぶったりしないよう気を使ってやる……というのがセオリーになっている。

ところが、豊はスペシャルウィークにその一段上の要求をした。

スピードのある馬なのに、あえてゲートをふわっと出て、出たなりのスピードで道中を進んだ。それも、阪神芝一六〇〇m向きではなく、東京芝二四〇〇m向きのラップを踏んで。そして、周囲に他馬を置き、威圧的な蹄音を聞かせ、前の馬のはね上げる泥や芝カスをかぶらせた。

普通なら2～3戦目で与える課題を、初戦で与えたのだ。

スペシャルウィークは、鞍上の課した〝飛び級〟の試験に楽々合格した。

「稽古に跨ったときにイメージしたとおりだった。将来性はかなり高いと思う」

レース後、豊はそう話したのだが、今こうして振り返ると実に興味深い。

「イメージしたとおり」に強かった、というだけではない。ゲートを勢いよく出て、がむしゃらに突っ走るような馬にはならない、したくない、とイメージしていたとおりのスタートが切れた。そして、イメージどおりにスローペースでも折り合い、多頭数のダービーで武器になる瞬発力を見せてくれた。要は、

「イメージしたとおりにダービーを見据えた競馬ができた」

ということだ。

「将来性はかなり高いと思う」というのは、かなり控えめな表現だった。その二日後、

「来年のダービーで乗る馬、決まりました。スペシャルウィークっていう馬です。ダンスインザダーク級ですよ」

満面の笑みで話してくれた。

――ダービーを勝つのに必要なことは？

――ダービー馬の条件は？

そうした質問にはいつも憮然として、

「僕はダービーを勝ったことがないからわかりません」

と応えていた彼が、そういったのだ。

実際、どんな馬がダービーを勝てるのか、想像もつかない時期もあった。シンホリスキーに乗って19着に大敗した九一年などは、はるか前方でゴールするトウカイテイオーを見てため息が出た。

しかし、今は違う。

――ダービーを勝つのって、こういう馬なんじゃないかな。

ぼんやりとしか見えなかった夢のゴールが、次第に確かな輪郭を得ていくのを感じながら、豊・スペシャルは、九八年の4歳初戦を迎える。

痛い敗戦

九八年一月は、月半ばから開催があるはずの小倉競馬場が改修工事を受けていた。そのあおりを食らう恰好で、年明けから京都、中山の両競馬場は凄まじいまでの出走馬ラッシュに見舞われた。

どのレースに登録しても除外される恐れがある。多少条件が合わなくても出走枠に入ったレースに使わなくては、いつまで経っても競馬ができない。

スペシャルウィークは、前年暮れに腹痛を起こすなど万全の状態ではなかったのだが、一月六日、京都の白梅賞に出ることになった。

陣営が立てたプランより一週早い実戦であった。が、早めに五〇〇万下を勝って収得賞金を上げなければ、その後も除外を食らい、予定したローテーションをこなせなくなってしまう。やむを得ない予定変更だった。

確かに一〇〇パーセントの出来ではないが、このクラスでモタつく馬ではない。

馬の力を信じて乗り、そして勝った、と思われたところで、弟の幸四郎が手綱をとった地方馬アサヒクリークに鼻差かわされ、2着に終わった。

痛い敗戦だった。

ここを勝って共同通信杯四歳ステークスに進み、東京競馬場での適性を確かめる、という青写真が崩れた。

さらに、次走に予定していた五〇〇万特別のつばき賞を除外されてしまった。

——あまり運のない馬なのかもしれないな。

運だけで勝てるわけではないが、運がなくては、なにが起きるかわからない混戦のクラシックを乗り切ることはできない。

また少し夢が遠のいたように感じていたのだが——。

二月十五日の共同通信杯四歳ステークスは、降雪のため芝一八〇〇mからダート一六〇〇mに変更になった。予定どおり東京に行っていたら、初の長距離輸送のあと、冷たい水の浮く荒れたダートを走らされるところだった。

また、つばき賞を除外されたことも、結果として吉と出た。

翌週のきさらぎ賞に出走した豊・スペシャルは、馬場の真ん中から力強く伸びて、勝った。この勝利により、賞金面でクラシックの出走権を確保した。これからは、予定したとおりのローテーションを組むことができる。

中団から直線だけでぶっこ抜いたきさらぎ賞の走りは、傍目には圧巻だったが、

「あのメンバーなら、もっと派手な勝ち方をすると思っていました」

もっと鋭く、もっと強く――。

豊は、つねにスペシャルにワンランク上の要求をしてきた。

スペシャルウィークは、次走の弥生賞で、豊の「もっと、もっと」という思いを、ある意味、大きく裏切ってしまう。

嬉しい誤算

三月八日、弥生賞。

舞台は、三冠第一弾の皐月賞と同じ、中山芝二〇〇〇m。展開に左右されやすく、紛れの多いコースである。京都や東京に比べるとコース幅が狭く、コーナーもきつい。自分のリズムで前半をゆっくり走り、直線の瞬発力で勝負するスペシャルウィークに向いたコースとはいえない。

過去3戦と同じように、道中は東京芝二四〇〇mのペースを意識してゆっくりと進み、3～4コーナーから力の違いでじわっとポジションを上げた。そして直線、手綱を持ったままでセイウンスカイ、キングヘイローといった強豪を退けてしまった。

それまでは、直線でゴーサインを出した瞬間、びゅっと反応するよう仕込んできたのだが、弥生賞では、反応させるまでもなく後続を置き去りにしてしまった。

——この馬、いつの間にこんなに強くなっていたんだ……。

嬉しい誤算だった。

「ひょっとしたら、ナリタブライアン級の馬になるんじゃないかと思いました」

九四年の三冠を制し、さらに古馬相手の有馬記念を圧勝したナリタブライアン級の手応え。それはダービー馬の手応えであった。

「ダービーだけは、一発屋みたいな馬が勝つことはない。東京芝二四〇〇mは、展開やペースによって紛れることのないコースなんです。なによりも馬の力がものをいう。その証拠に、シンボリルドルフやトウカイテイオー、ミホノブルボン、ナリタブライアンとかのバケモノみたいな馬は、負けてないですものね」

昔から「皐月賞は速い馬、ダービーは運のいい馬、菊花賞は強い馬が勝つ」といわれているが、豊はそうは思っていない。

確かに出走馬が20（ときには30）頭を超えていた時代は、力のある馬が前の馬をさばいているうちにレースが終わって惨敗する、といったことが少なくなかった。

しかし、フルゲートが18頭となり、さらに芝一六〇〇mのNHKマイルカップを頂点とする4歳短距離路線が整備されてからは、とりあえず参加して3〜4コーナーからずるずる下がって後続の邪魔になる馬が激減した。

ダービーは、強い馬が勝つ。

強い馬が、その力を最大限発揮できる状況が整えられたダービーは、強い馬が勝つ。けっして向いているとはいえない中山芝二〇〇〇mの皐月賞を勝つようなら、ダービーはほぼ確実に獲れる。

意を強くして、三冠の皮切りとなる四月十九日の皐月賞に臨んだ。

だが、皐月賞ではいつもの脚が見られず、勝ったセイウンスカイから1馬身半離された3着に敗れた。

大外18番枠からのスタートとなったこともあり、3〜4コーナーで進出するとき、もっとも馬場の荒れた外目を通らされた。何度もノメるような恰好になり、持ち前の末脚が不発に終わってしまった。

「敗因は馬場です」

憮然とした表情でそういった。

仮柵が取れたばかりのコースでは、内の枠を引いた馬が圧倒的に有利になる。

「内を通るとコースロスがない代わりに馬場が悪く、外はコースロスがあるけど馬場がいい……というふうにしないとフェアじゃないと思う。世界的にそうなっているのに、この時期の中山だけは、仮柵の外された内埒ぞいの馬場がよくなっている」

インタビューなどの場でそう繰り返し、他の騎手に批判されたこともあった。

「もちろん、いつ仮柵が外されるかぐらい前もって調べて、それに合わせて乗っています。それでも、あんな馬場状態だと、皐月賞だけは特殊なレースになってしまう。このままでは、皐月賞を勝つ馬と、ダービーや菊花賞を勝つ馬はまったく別種の馬になってしまいますよ」

珍しく感情的になっていた。

それぞれコースも距離も異なる三冠を勝つのは、ボクシングとレスリングと相撲のすべてでチャンピオンになるようなものだ。だからこそ三冠馬は讃えられる。

豊も当然、そんなことは承知していた。それでもついこぼしてしまったのは、ナリタブライアン級と期待した相棒に裏切られたように感じたからではないだろうか。

「明らかに東京の二四〇〇ｍのほうがいい馬ですから、皐月賞の結果には、そう悲観していません」

そういいながらも、一抹の不安を拭い切れずにいた。

決戦前

ダービーの一週前追い切りでも、レース週の追い切りでも、豊を背にしたスペシャルウィークは併せた相手を一気に突き放した。

ピークといえる状態に仕上がった。

その背にいると、皐月賞のときはやや覇気がなかったことも敗因だったのではないか、と思えてきた。

――ミスとアクシデントさえなければ、勝てる。

それはつまり、ミスとアクシデントが怖い、ということだ。

どんな些細なミスも許されない。ちょっとしたアクシデントの可能性であっても、完全に排除しなければならない。

自分がどんな位置どりをし、どう流れに乗り、どこを通ってどう動きだすか……といったことを、他馬陣営に知られてはならない。

「馬の癖などについても、これ以上は話したくありません」

そういい、彼は口を閉ざしてしまった。

力みや気負い、警戒心といった、ある意味で泥臭く、またスマートではないものは極力見せないようにしていた彼が、このときだけは豹変した。

「自然体の天才」「しなやかなカリスマ」といった形容があてはまらない武豊が、そこにいた。

どのレースも勝ちたいと思っているが、このダービーは、「勝ちたいレース」から「勝たなくてはならないレース」「取りこぼせないレース」に姿を変えていた。

ここまで自分を追い込んだのは初めてのことだった。スペシャルウィークの能力と可能性、そして絶好の仕上がりが、豊を変えたのである。

毎日、朝の攻め馬が終わると、調教スタンドに寄らずに帰宅した。

そして、暇さえあれば過去のダービーの勝ち馬の道中のラップを確認したり、テレビをつけて週間天気予報を見ていた。

皐月賞時の中山のような、悪い馬場状態では力を出し切れない。てるてる坊主でもぶら下げたい気分だった。

ダービー前日の土曜日は、晴れわたった空の下、中京競馬場で騎乗した。しかし、その日の東京は雨。芝状態は重だった。夕刻、名古屋から乗った新幹線の車中では、いつものようにぐっすり眠ることができず、どうしても車窓に目が行った。東京に近づくにつれ、木々も街なみも水気を含んだものになっていく。明日の馬場状態のことを思うと、さすがに気分が沈んだ。

そして九八年六月七日、第六十五回日本ダービーの朝が来た。

目覚めると顔を洗うより先に窓をあけ、空を見上げた。雨は落ちていないが、どんよりと曇っていた。

——う〜ん……。

ちいさく唸り、ため息をついた。

芝状態は稍重まで回復していたが、できれば良馬場でやりたいと思った。

ダービー前に、芝で行われるレースが5鞍もある。GⅠの日ぐらいは、他のレースはすべてダートにしてもいいのではないか。それが持論なのだが、この日の彼は、芝での5鞍のうち4鞍に騎乗することになっていた。

コースに出ると、芝が少しずつではあるが乾いていくのがわかった。

レース中に馬場状態のいい部分を見つけると、ダービーまでそこを通るのを我慢したくなるのだが、今乗っているレースを勝つためには通らざるを得ない。複雑だった。

ダービーの前の第8レース、芝二〇〇〇mのむらさき賞でマリアジュダムールに乗った彼は、直線、逃げるミッドナイトメテオを差し切って勝った。ゴール前でかわした馬のオーナーは、スペシャルウィークと同じ臼田浩義だった。次のレースで自分が着るのと同じ、紫と白の勝負服を抜き去ったときは妙な気分になった。

決戦のときが迫ってきた。

このレースのために新調した鞍と鞭を持って前検量を済ませ、そして、パートナーの待つパドックへと向かった。

ダービーを勝つ

ダービーのパドックでスペシャルウィークに跨った瞬間「えっ?」と思った。気合いの乗り方が皐月賞時とは比較にならないほど、いい。

スペシャルウィークは、馬場に入るや、さらに闘志を剥き出しにし、馬銜をガチッとくわえた。そして、やや掛かり気味の走りで返し馬に入った。

興奮した。こんなスペシャルウィークは初めてだった。

——今日はいいぞ。

単勝2・0倍の1番人気。ダービーで1番人気馬に騎乗するのは、二年前、2着に惜敗したダンスインザダーク以来である。

18頭の出走馬が、ポケットからスタンド前のゲートへと近づいていく。

スペシャルウィークは5番枠。奇数番枠の馬は先にゲートに入り、偶数番枠の馬が入るのを待たなくてはならない。

ゲート内で、スペシャルウィークは焦れたように脚を小刻みに動かした。さらに、横にもたれかかるような恰好をした。

豊は、出遅れを覚悟した。

——出遅れたなら、出遅れたなりの走りをすれば、それでいい。

スタートした。

やはり、スペシャルはモサッとした遅いスタートを切った。

5番という内枠からの発走だけに、外から他馬に包まれる形だけは避けたいと思っていたのだが、内の4頭が揃って前に行ったため、労せずして障害物のないインコースを走ることができた。

ハナを切ったのは、福永祐一が手綱をとるキングヘイローだった。皐月賞2着のこの馬と、皐月賞馬セイウンスカイ、そしてスペシャルウィークが、この年のクラシック戦線の「三強」といわれていた。

スイスイと楽に逃げられたら嫌だなと思っていたセイウンスカイは、2〜3番手に控えている。

先頭のキングヘイローが刻んだラップは、ゲートから5ハロン標識まで12・8―11秒2―11秒7―12秒4―12秒5。皐月賞の12秒5―11秒2―11秒8―12秒5―12秒4とほとんど同じであった。

僅差の2着と好走した皐月賞と同じようなペースなのだから責められない。が、中山芝二〇〇〇mと東京芝二四〇〇mでほぼ同じラップを踏んでは、当然、勝ちは遠のく。結局、キングヘイローは14着に大敗する。

一方のスペシャルウィークは、過去のレースと同じように、ゆっくりと、自分のリズムを守って前半を進んだ。

中団の内につけて2コーナーを回り、向こう正面に入った。やや掛かり気味の走りだったが、不安になることはなかった。デビュー戦から前走まで、前半から行きたがる馬にはしないよう気をつけてきた。掛かる馬になるような乗り方をしたことは一度もない。

「その馬で掛かり加減で行けるなんて、嬉しくなりました」

鞍上の意思にそむいてエネルギーをロスしているわけではない。ただ、溢れんばかりの活力を持て余しているだけだ。

向こう正面で、先頭から6~7馬身離れた10番手につけ、ふと前を見たら、岡部幸雄・タイキブライドルの真後ろのポジションをとっていた。

道中で絶対に妙な動きをしない名手の後ろは、もっとも安全な場所である。怖いと思っていたミスは、これまでのところはない。また、岡部幸雄の後ろにいる限り、アクシデントに見舞われる可能性もゼロに近い。

3コーナー手前で、タイキブライドルの手応えが怪しくなったのを見て取るや、すっと外に進路を変えて、手応えのいいダイワスペリアーの後ろにつけた。

ペースの上がる勝負どころで前の馬がバテて下がってくると、それをさばくのに手間どってしまうのだが、余力を残した馬の後ろにつけていれば、その心配はない。

ダイワスペリアーに前を守られるようにして、スペシャルウィークは3~4コーナー中間点でするすると進出した。

まだ豊の手は動いていない。

――慌てるな、慌てなくていい。このままで大丈夫だ。

ゆっくりと周りを見る余裕があったのに、そう自身にいい聞かせていた。いや、余裕があったからこそなのか。

スペシャルウィークは、抜群の手応えで4コーナーを回り、直線に入った。

――前があきさえすれば、いつでも突き抜けられる。

だが、目の前には三頭の馬が横並びになる〝壁〟がつくられていた。

どの馬とどの馬の間があくのか考え、予測し、そして隙間ができるのを待った。僅か数秒のことだが、やけに長く感じられた。

内の馬が苦しがって、さらに内によれた。豊の眼前に馬一頭ぶんの隙間ができた。瞬間、そこにスペシャルウィークの鼻先を入れた。用意された道はあっという間に塞がれてしまったのだが――。

再び壁がつくられたときにはすでに、スペシャルウィークは突き抜けていた。

この日、このときのために磨きをかけてきた瞬発力が生きた。並の馬なら両側から挟まれて、そこで終わっている。

まさに他馬が止まって見えるほどの鋭さで、完歩を進めるごとに後続を2馬身、3馬身と突き放していく。

後ろからどんな脚を使われようが、今のスペシャルウィークをかわせる馬など、いるわけがない。

——勝つ、勝てる。ダービーを勝てるんだ……！

1着でゴールしたらいつものようなガッツポーズはせず、鞭をくるりと回して上に向け、ゴールの瞬間に顔の横で軽く振るパフォーマンスを見せるつもりだった。

ところが、勝利を確信すると同時に震えが来て、手の感覚がおかしくなっていた。左手に持った鞭を回そうとしたのはいいが、ぽろりと下に落としてしまった。

「あのときは、ホント、パニックになってしまいました」

どうしていいのかわからないまま、2着に5馬身差をつけてゴールを駆け抜けた。

歓喜のガッツポーズを待ち構えていた大勢のカメラマンに肩透かしを食わせたまま、手綱を緩めて腰を浮かした。そうして1コーナーに差しかかった頃、じわりと喜びがこみ上げてきた。顔が紅潮し、叫びだしたいほど興奮した。

――やった、やったぞ。勝ったんだ！

何度も拳を突き出した。それが、素のままの、飾らない喜びの表現だった。

検量室前の「1」と刻印された勝ち馬の枠場に馬を入れた彼を、他馬の関係者までもが拍手で出迎えた。

また、全休日明けの火曜日、栗東トレセンの調教スタンドに顔を出したときも、皆が拍手で祝福してくれた。

他のGIを勝っても、こんなことは絶対にない。

――これがダービーの味かァ。

いいものだな、こんなにいいものなら何度でも味わいたいと思った。

十度目の挑戦で、ついに手にした栄冠。1コーナーを10番手以内で回るという〝ダービーポジション〟を意識したり、東京芝二四〇〇mの4歳オープン戦のひとつとして、普段着の姿勢で臨むべきではないかと考えたこともある。

だが、九六年のダンスインザダークでの惜敗が、普段からダービーを意識することの大切さを教えてくれた。

どのくらいの力の馬なら勝負になるのか、どんな競馬と調教を経験させて本番を迎えるべきなのか……。過去九回の敗戦で、いや、騎手としての十一年のキャリアで身につけた感覚、考え方、騎乗技術のすべてをぶつけて得た勝利であった。

菊花賞

秋初戦の京都新聞杯に向けて、豊は久しぶりにスペシャルウィークに跨った。

――相変わらず、スペシャルウィークだな。

正直な印象だった。

前年の秋に初めて乗ったときのまま、ひょろっと背が高く、薄くて、飄々としている。

――夏を越しての成長は？

――さらに強くなっていますか？

マスコミ関係者に問われるたびに、

「そう大きく変わっていません。ダービーであれほどの強さを見せた馬が、この四カ月でさらに強くなっていたら大変ですよ。春の力を維持できれば、それで充分だと思っています」

と答えていた。

十月十八日、四カ月ぶりの実戦となった京都新聞杯では、水気を含んで荒れた馬場（稍重発表だったが）を気にし、滑ってバランスを崩す場面もあった。が、力の違いでキングヘイローを競り落として、勝った。

まだちょっと、どこかひ弱いところがあった。体型からもわかるように、パワフルな走りをする馬ではなかった。

しかし、それは『足りない部分』でなく、スペシャルウィークの『個性』としてとらえていた。これから筋肉をつけて逞しくなることを要求するのではなく、今のままのスペシャルウィークを磨いていけばいい。ひ弱かろうが頼りなかろうが、この走りでダービーを圧勝した馬なのだから。

三冠の締めくくりとなる菊花賞に向けての調整は順調に進んだ。

具合はいい。春の力を保っている。タフな東京芝二四〇〇ｍで後ろをあれだけ突き放したのだから、京都芝三〇〇〇ｍに対する距離の心配もいらない。

そして十一月八日、菊花賞当日は晴天に恵まれ、馬場状態は良。

負ける要素が見当たらなかった。単勝1・5倍の圧倒的に支持に応えるべく、いつものように終いを生かす競馬をしたが、セイウンスカイに逃げ切りを許し、3馬身半離された

2着に終わった。

ダービーのとき、

——気分よく単騎で行かれたら嫌だな。

と思っていたようなレースを、ここでセイウンスカイにされてしまった。

悔しいが、勝った馬の強さを認めざるを得ない。

自分の馬も、一周目でやや掛かるところがあったが、最後はそれなりに伸びていた。そうだ、「それなりに」だった。「いつものように」とはいえなかった。

あることが、気にかかっていた。春当時から、ひょっとしたらと思っていたことだ。

——この馬は、右回りのコースでは左回りほどの強さを発揮できない……。

次走は、右回りの有馬記念だとローテーション的に楽なのだが、たとえ中二週と間隔が詰まっていても、左回りのジャパンカップのほうがいいのかもしれない。

菊花賞前からなんとなくそう思っていたのだが、豊は、菊花賞前日の新馬戦で斜行のため降着処分を食らってしまう。皮肉というか、妙な巡り合わせというか、そのときに乗っていたのは、自身の手綱で翌年のダービーを勝つアドマイヤベガであった。

十一月十四〜二十九日まで六日間の騎乗停止。スペシャルウィークの次走、二十九日のジャパンカップには乗れなくなってしまった。

パワーアップ

九八年十一月二十九日のジャパンカップには、スペシャルウィークとエアグルーヴという、豊のお手馬二頭が参戦した。

複雑だった。

思い入れのある相棒だから、当然、勝ってほしいと思う。その一方で、自分以外の騎手を背にビッグタイトルを獲ってほしくない、という気持ちもあった。

このレースを制したのは、スペシャルウィークと同じ4歳の外国産馬、エルコンドルパサーだった。2馬身半遅れの2着に横山典弘・エアグルーヴが来て、岡部幸雄・スペシャルウィークは3着だった。

正直、ホッとしたに違いない。

「でも、もっとやれるんじゃないかと思っていたんで、妙な気分でした」

スペシャルウィークの5歳初戦となった一月二十四日のアメリカジョッキークラブカップも、シーキングザパールによるアメリカ・サンタアニタ遠征と日程が重なったため、乗ることができなかった。

オリビエ・ペリエが手綱をとったそこを、スペシャルウィークは順当に勝った。

次走、三月二十一日の阪神大賞典で、ようやく豊の手元に戻ってきた。

けっして得意とはいえない右回りの阪神コース。セイウンスカイに突き放された三〇〇〇mという距離。しかも、折からの雨による道悪……。

マイナス材料が目立ったことあって、前年春の天皇賞馬メジロブライトに1番人気を譲り、単勝2・1倍の2番人気。

どうかと思っていたのだが、ふたをあけてみれば圧勝だった。

2着のメジロブライトとの着差は4分の3馬身しかなかったが、それは、どこまで行っても詰まることのない〝小さな大差〟だった。しかも、メジロブライトの後ろは7馬身もちぎれていた。

豊は嬉しい驚きを感じていた。

——ずいぶんパワーアップしたなあ。

古馬になって予想以上に成長しており、右回りでも末脚は最後まで衰えなかった。あれほど苦手だった道悪を克服してしまった。

天皇賞が楽しみになった。

『平成の盾男』といわれた彼も、春の盾に関しては、九二年のメジロマックイーンでの勝利以来、栄冠から遠ざかっていた。

今のスペシャルウィークなら、久々の美酒に酔わせてくれる。

ダービー馬が古馬になってからも無事に走りつづけること自体が、近年では珍しい。

「そうですよね。今、日本では外国産馬が活躍していて、『クラシックホースより㊫のほうが強いんじゃないか』という声が多い。そんななかで、ダービー馬が頑張ってるのは、すごくいいことだと思う」

子供の頃からの夢を叶えてくれた相棒とのコンビで、最強馬決定戦といえる天皇賞に臨むことができる——。

その事実だけでも満足だった。

大敗

九九年春の天皇賞は、スペシャルウィークとセイウンスカイ、メジロブライトの三強の争いと目されていた。

1番人気のスペシャルと、2番人気のセイウン、3番人気のブライトの単勝オッズは、2・3〜4・1倍と接近していた。

しかし、パドックから馬道を通って馬場入りした豊は、下馬評どおりの混戦になるとは思っていなかった。

スペシャルウィークのどっしりとした落ちつきが、彼に揺るぎない自信を与えたのであった。

——こんなにいい馬が、こんなにいい状態なんだ。お客さんからよく見えるようにしなきゃな。

返し馬に入る前、あえてスタンドに近い外埒ぞいを歩かせた。

十二万近い観衆の割れんばかりの声援を浴びても、スペシャルウィークはまったく動じることなく、堂々と歩を進めた。

豊の『自慢の相棒』は、前哨戦の阪神大賞典と同様の横綱相撲で、第百十九回天皇賞を制した。

「知ってます？　前の年のダービー馬が春の天皇賞を勝つと、阪神タイガースが優勝するんですよ」

レース後のある日、豊は実に嬉しそうに話した。

ちょうど阪神タイガースが首位に立ち、関西地方では号外が出るなど、大騒ぎになった時期だった。

スペシャルの前に春の天皇賞を勝ったダービー馬はシンボリルドルフ。その十四年前、八五年のことである。その年、豊が子供の頃から応援していた阪神タイガースが日本一の座についた。

ところが――。

夏の暑さが増すにつれ、彼の口から阪神に関する話が出ることが少なくなった。結局、贔屓の阪神タイガースは、定位置といわれる最下位に落ちついた。

一方のスペシャルウィークは、七月十一日の宝塚記念でグラスワンダーの2着に敗れたあと、北海道に放牧に出された。が、涼しいはずの北海道が例年になく暑かったため、予定を繰り上げて八月末に帰厩し、秋の古馬GI戦線を迎えようとしていた。

宝塚記念ではグラスワンダーに並ぶ間もなくかわされたが、けっして力負けではないと思っていた。

「負け惜しみみたいですが、あのときは僕の馬があまり走ってくれなかった。なんか、最後はあの馬らしくなかったでしょう。ちょっと弱点があるから、いつもいつも勝つタイプではないにせよ、あんなに離されて負ける馬じゃないですよ。馬場状態が合わなかったこともあるのかもしれませんね」

歴代の名馬にまさるとも劣らぬ力の持ち主であることは間違いない。

状態さえよければ、秋のＧⅠを総なめにしてもおかしくない馬だ。

だが、その仕上がり状態が、今ひとつぴりっとしなかった。

秋の天皇賞のステップレースである京都大賞典では、勝ったツルマルツヨシから0秒8遅れの7着に大敗する。

どんな強豪相手でも3着を外したことのない馬が、掲示板にも載らなかった……。

あのメジロマックイーンでさえなし得なかった天皇賞春秋連覇をやってのける器だと思っていただけに、ショックだった。

実戦でひと叩きしてから、いくらか動きにやわらかさが出てはきたが、それでも4歳春の絶好調時には及ばない出来だった。

立て直す時間がほしかったが、ＧⅠ戦線のゲートは、出走馬の調子がどうあれ、時間が来れば、あく。

あまり大きな期待をせぬまま、豊は秋のGIシリーズの開幕を迎えた。

最大の武器

スペシャルウィークは、前年の秋からこの年、5歳時の春にかけては長距離戦での適性が疑問視されていた。ところが、今度はその逆の声が聞かれるようになった。

年明けからアメリカジョッキークラブカップ、阪神大賞典、天皇賞（春）、宝塚記念と、ずっと長めのところを使われてきたスペシャルウィークにとって、秋の天皇賞は、皐月賞以来の二〇〇〇m戦となる。

久々のスピード競馬で、はたして力を出し切ることができるのか。

「二〇〇〇mが短いということはありません。二〇〇〇mでも距離不足とかいってたら、出るレースがなくなってしまうじゃないですか」

二〇〇〇mなら二〇〇〇mなりの乗り方をする。ゲートからの数完歩も速いし、一八〇〇mでも大丈夫な馬だと思っていた。

それでも周囲はあれこれと不安材料をあげつらう。

「騎手が自分の馬の不安材料を考えても始まらない。とにかく、自分の騎乗馬の力を最大限発揮させるにはどうしたらいいか。考えるのはそれだけです」

浴びせられる雑音に対して、

——とにかく結果を見てください。

と、やり返せないのが辛かった。

前走時と同様、絶好の出来といえる状態ではなかった。

しかし、ひとつ大きなプラス材料がある。

秋の天皇賞は東京競馬場で行われる。前年のダービーで、2着馬を5馬身突き放した舞台である。

豊が、東京でこの馬に乗るのは、ダービー以来のことだ。

——この馬にとって府中は絶対にいい。

スペシャルウィークの最大の武器は、抜け出すときの瞬発力だ。

五〇〇mという日本最長の直線を持つ東京でこそ、それが生きる。

実績からすれば、受けて立つ立場であるが、天皇賞の二週ほど前に、豊はこんなことを話していた。

「受けて立つ側とか挑戦者とか、そういう立場を自分で決めちゃうのもどうかと思う」

今あらためて彼の言葉を思い返すと、あの時点で、すでに天皇賞に勝つための走りのイメージがあったように思えてくる。

メジロマックイーンに乗っていたときは、

「もちろん、受けて立ちますよ」

といったサービスコメントを何度もしてくれた彼が、「立場を決めるべきではない」という……。それは、インタビュアーに対する彼流のサービスだった。

——今回は、受けて立つ側の、いわゆる横綱相撲はしないと思いますよ。

というニュアンスを、言外に匂わせていたのである。

実際、十月三十一日の天皇賞では、春のように〝自分から動いて、勝ちにいく競馬〟をしなかった。

縦長になった馬群の後方で折り合いに専念し、直線の末脚勝負に出た。

それが見事にハマり、大外から前の馬をぶっこ抜き、天皇賞春秋連覇を達成した。

前年のこのレースでは、大本命サイレンススズカに騎乗するも、レース中に骨折。同馬は安楽死処分となった。

サイレンススズカが背中を押してくれたようにも感じた。

「あの馬の弔い合戦ができて、本当によかったと思います」

それにしても、このスペシャルウィークという馬は、何度豊を驚かせたら気が済むのだろう。ラスト3ハロン34秒5の切れは、凄まじいとしかいいようがない。

「とにかく、二戦つづけて無様なレースはしたくないと思っていたんで、流れや展開がどうあれ、スペシャルウィークの力を引き出す競馬をしただけです」

同じように後方からレースを進めたダービーの道中は、

――このリズムで行けば、終い絶対にすごい脚を使ってくれる。

と確信していた。

しかし、この秋の天皇賞は違った。

「絶対の自信があったわけではありません。こう乗れば伸びてくれるはずだ。いや、本当に伸びてくれるのかな……と、最後まで半信半疑でした」

確かなのは、このレースは、スペシャルの状態や総合力ではなく、武器で勝った一戦だった、ということだ。この馬の武器――瞬発力は並じゃない。

GIは〝武器比べ〟的な戦いになることが多い。これといった欠点がなく、総合点の高い優等生を、欠点はあっても強力な武器を持つ馬が負かすことが多々ある。

その武器を上手く見つけて引き出すのが騎手の仕事である。

豊は、スペシャルウィークの瞬発力という武器を3歳時に見つけ、引き出した。レースでも調教でも、ずっと磨きをかけ、子供の頃からの夢を射止めた。その後、一度は威力を失いかけたように思われたが、スペシャルウィークは、それを大切に持ちつづけていた。

鞍上が撃ちやすい態勢を整えてやると、撃った。その威力は、落ちるどころか増していた。『世界』に通用する破壊力であった。

ジャパンカップを勝つ

次走は、十一月二十八日のジャパンカップ。

この馬の武器がもっとも生きる東京芝二四〇〇m。中間の動きも天皇賞前に比べると格段によくなっていた。

「アメリカでもっと名前を売りたかったら、ジャパンカップを勝ちなさい」

かつて、シカゴのアーリントン国際競馬場で騎乗馬を与えてくれた調教師、ノエル・ヒッキーがそういった。

デビューした八七年、ほとんどわけもわからぬまま乗った。

――俺、すごいレースに乗せてもらったんだなあ。

あとでつくづく思った。以来、ずっとほしいと思っていたタイトルだ。

「子供の頃からの夢がダービーなら、ジャパンカップは、騎手になってからの夢ですね」

前年、騎乗停止中のため乗れなかっただけに、どうしても勝ちたい。

一年前に勝ったのは、同期の蛯名正義が手綱をとったエルコンドルパサー。騎手だけでなく、馬も同い年である。九九年夏からヨーロッパ遠征に出た蛯名正義・エルコンドルパサーは、フランスでGIのサンクール大賞を勝ち、ヨーロッパ最高峰のレースといわれる凱旋門賞で僅差の2着になった。

その凱旋門賞でエルコンドルパサーを負かしたフランスのモンジューが、ここに参戦してくる。

世界最強の称号を手にしたその馬を負かせは、間接的にではあるが、前の年に先着されたエルコンドルパサーを返り討ちにしたことになる。

はたして、このジャパンカップを勝ったのは、豊のスペシャルウィークだった。

「子供の頃からの夢」を叶えてくれた翌年、今度は「騎手になってからの夢」を現実のものにしてくれた。

「引退式」

九九年十二月二十六日。この日、中山競馬場で行われた有馬記念が、スペシャルウィークのラストランとなった。

宝塚記念であっさりかわされたグラスワンダーを、この有馬記念では、逆にマークする恰好で道中を進んだ。

4コーナーを凄まじい勢いで回り、抜け出しをはかるグラスワンダーの外に並びかけ、そしてギリギリ差し切った……、絶対に自分が勝っていると思った。

グラスワンダーの鞍上、的場均はうなだれている。

勝ったと思い込んだ豊は、向こう正面で馬を反転させずにそのまま3～4コーナーを回り、ウイニングランをした。

しかし――。

写真判定の結果に愕然とした。鼻だけ前に出ていたのはグラスワンダーだった。

――や、やってしもうた……。

九五年春の天皇賞で、ステージチャンプに乗った蛯名正義が、同じように、2着なのにガッツポーズをしてしまった。そのときも、勝った馬に乗っていたのは的場だった。

期せずして、競馬学校三期生の東西のエースは、同じ仕掛け人によってハメられてしまった。

レース二日後、豊はアメリカ西海岸のサンタアニタ競馬場に遠征に出た。

空港からホテルへの道中はもちろん、その後数日間、彼はまったく有馬記念の話題に触れようとしなかった。

だが、暮れも押し迫ったある夜、酔った勢いなのか、こういった。

「あ～あ、スペシャルの引退式、やってしもうたァ」

ジョークにして紛らすしかないほど悔しかったのだろう。

豊とスペシャルウィークの15戦が終わった。

デビュー前に跨り、強くなるだろうと思ったら、本当に強くなってくれた。東京芝二四〇〇mで力を発揮するような乗り方をしたら、本当にその舞台で最大限に力を発揮する馬になってくれた。

具合が悪いときは自分まで気分が落ち込んだ。かと思えば、予想もしないような走りで驚かされた。期待したとおりの強さを見せたり、見せなかったり——。

これほどまで、豊の気持ちを大きく揺り動かした馬がいただろうか。

九九年初夏、アドマイヤベガに騎乗した豊は、史上初のダービー連覇をやってのけた。
その瞬間、彼にしか見られない『ダービー三連覇』の夢が始まった。
その夢の扉をひらいてくれたのが、スペシャルウィークだった。
夢をいくつもくれた馬——スペシャルウィークを、武豊は忘れない。

調教編1

調教師 白井寿昭の挑戦

取材・文／乗峯栄一

あるものは調教師一家の出身であり、またあるものは騎手出身であり……。「厩舎村」とも呼ばれる閉鎖社会に飛び込んだ「異色の市井派トレーナー」の奮闘記。

記者会見

平成十年のダービーは関東の皐月賞馬セイウンスカイに対し、関西では皐月賞2着のキングヘイローと、皐月賞1番人気で3着に敗れたスペシャルウィークとが人気を二分していた。

六月三日水曜日早朝、栗東トレセンではダービー有力馬の最終追い切りが行われ、そのあとキングヘイローとスペシャルウィークの関係者の記者会見が行われることになっていた。

午前七時、トップをきってキングヘイローの福永祐一が記者会見室に入ってくる。もともと色白の彼の顔色が一層白く見える。

「ダービーということで特別な気持ちはありますか」

「周りの人は違うって言うんですけど、（ダービーには）乗ったことがないので、よく分かりませんね」

言葉が固い。ムッツリしているようにすら見える。

「去年の暮れからいい結果が出せないでいるのに、乗せて下さるオーナー、先生に感謝します」

そういう言葉を残して福永は出ていった。その紋切り型の答えが、かえってダービーという晴れ舞台の重圧を感じさせた。

二番目の会見予定はスペシャルウィークの白井寿昭調教師で、黒板には七時半と書かれていた。

追い切り後の有力馬関係者の記者会見というのは、通常JRA広報の人がドドドと階段を駆け上がってき、戸口のところで息を整えたあと「えー、それでは武豊騎手の記者会見を行いますので、よろしくお願いします」というような大声を出すところから始まる。その声を合図に、各テレビ局などがマイクやカメラの調整をするのだが、調整して待っていても、なかなか主役が現れず「どうなってんねん」などとブーイングが出たりするのが通例である。

しかしそのときは一人の帽子をかぶった関係者がヒョコッと会見用のソファに座った。まだ七時二十五分である。

ソファに背中を向けてタバコを吸ったりしていたテレビ局関係者が、ふと振り向いて驚き、慌てて周りに合図を送る。

そこにＪＲＡ広報担当者が慌てて後を追ってくる。

「し、白井先生、申し訳ないです。あと五分待っていただけますか」

息せき切って広報担当者が言う。

「あ、そう。あと五分。あ、そう」

白井寿昭は帽子を取って頭を掻きながら、「早かったんやね」と知り合いの記者たちに向かって照れ笑いする。

所在なく、会見場の記者席をウロウロして時間をつぶし、五分後、準備の整った会見の輪の中心に座り直す。

パシャパシャとカメラのフラッシュが焚かれ、代表インタビュアーがマイクの調子を確かめて、第一声を放とうとしたその時、白井寿昭は機先を制する鋭い言葉を放った。

「おい、なんか、ガスくさないか」

栗東トレセンの記者会見は調教スタンド三階の記者室の真ん中で行われるのだが、すぐうしろが記者のための湯沸かし場になっている。その時、記者の輪の中にいたぼくも実は少しガスの匂いを感じていた。でもダービー1番人気馬の調教師の記者会見が行われるのだから、そんなことに気を取られている場合ではないと思った。

ダービー本命馬調教師の言葉は見事に当たっていた。ガスコンロの栓が開けっ放しになっていたのである。

「な、そうやろ。よかった、よかった」

白井寿昭は満足そうにウンウンとうなずく。大一番ダービーを前にして、本命馬調教師は何百人もの人間がガス爆発で吹き飛ばされるのを未然に防いだ訳である。これは凄いことだ。でも、ダービーの方は……。

すべての厩舎関係者にとって夢であるダービー奪取。白井寿昭のその記念すべき〝特別な一週間〟は苦笑と余裕のうちに経過していた。

ダービー当日

もう一つ、スペシャルウィークのダービーについて、個人的に印象に残っている出来事がある。

平成十年六月七日のダービー当日、ぼくは例年のごとく、朝八時に新大阪から新幹線に乗り、正午ごろ、京王線新宿駅に着いた。

いつも思うのだが、この京王線始発駅に来ると関東の競馬熱の凄さと「ああダービーなんや」という実感が湧いてくる。すでに乗車券売り場は競馬専門紙やスポーツ紙を持った競馬人間であふれていた。

二十分後に出る府中競馬場前行き急行もすでに席が埋まっている。

車両に入ると、偶然にも、親しくしている山内研二厩舎の伊藤稔調教助手（昭和五十七年の函館記念をカズシゲで勝った元騎手）の姿があった。タヤスアゲインの出走補助業務をするために、競馬場に向かっているらしい。

関係者というのは例えば特別なハイヤーとか、JRAの車とかで移動するようなイメージがあるが、馬運車に同乗する担当厩務員以外は、ファンと同じく電車で移動するのだと知って感心する。まあ考えてみれば当たり前のことかもしれないが。

「どうですかね、タヤスアゲインは」

ぼくは好機会を活かして、伊藤稔から最終情報を得ようとする。

「出来はいいよ。……でも相手がね」

伊藤稔は笑顔を見せながら言う。

車内を見渡すと、「スペシャルウィーク万全」とか「武豊、悲願のダービー」とか、スポーツ紙のバカでかい活字が躍っている。話題の中心は、4歳馬実力ナンバー1と見られながら皐月賞で人気を裏切ったスペシャルウィークのようだ。

　でもタヤスアゲインの文字もチラチラ見える。

　パドックでその穴馬タヤスアゲインの手綱を引く人に、直接取材していることなど誰も気づいていない。これはちょっとした優越感である。

　そのとき車両の後方から携帯電話を耳に当てながら乗り込み、目の前を通り過ぎる中年男がいた。注意しなければ、それはただの競馬オジサンが知り合いから馬券購入を頼まれて、「お前、そんなにたくさん頼むのなら事前にカネ渡しとけや。もし当たったら手数料取るからな」ぐらい言っている構図である。

　でもそのオジサンはただの競馬オジサンではなかった。四日前、栗東調教スタンドで数百人のマスコミ関係者を爆死から救ったガス漏れ発見者だった。

　その人命救助者は「うん、うん、それはなあ」などと携帯電話で話しながら通り過ぎ、どういう訳か前の乗降口からまたホームに降りていった。

　調教助手ならまだしも、調教師、それも1番人気馬の調教師が京王線の急行で競馬場に行くのか。ＪＲＡもハイヤーぐらい用意したらどうや。もし電車の中のファンに取り囲まれ「スペシャルはほんとに勝てるんやろなあ」と詰め寄られたらどうするんだろう。ドバイ・ワールドカップに取材に行ったときは、調教師はみんなファーストクラスにスイート・ルームの招待だったけどなあ、などと考える。

それにもう昼前なんだけど、こんなにゆっくりしていていいんだろうか。ダービーなんかだと、調教師は馬房の横で寝ずの番をしているようなイメージがあるけど、そういうものでもないのだろうか。

周りで一生懸命新聞を読んでいる競馬人間にも言いたくなった。

「キミらなあ、新聞でスペシャルの調子を読んでる場合と違うぞ。ほら、全責任を負う担当調教師やないか。ほれ、直接取材せんか」

伊藤稔と二人、その本命馬調教師の姿を見送る。

「伊藤さん、この京王線の一つの車内でタヤスアゲインとスペシャルウィークの関係者に会うという、これはいわゆる天の啓示ですかね」

「うーん」

「タヤスとスペシャルを一点で買えというシグナルじゃないですかね」

ぼくは本気で神の差配ということを考えて、一人で興奮した。

「いや、並ぶ間もなく、スペシャルに交わされるということじゃないかな。早かったもんね、いまのマクりは」

伊藤稔は真面目な顔でそう言った。

「そんな、ハハハ」

ぼくは笑ったが、その四時間後、確かにスペシャルウィークは十数頭おきざりの会心のマクリを見せて圧勝した。

記者会見でガス漏れを指摘し、当日正午には新宿京王線乗り場を歩いていた調教師は、その日ダービー・トレーナーとなった。それは異色の〝市井派ダービー・トレーナー〟の誕生でもあった。

競馬人生の原点

白井寿昭は昭和二十年広島に生まれた。

姉が四人、妹が一人という女きょうだいの中のただ一人の男子である。父は大工の棟梁だったが、小学校五年生のとき、その父の仕事の関係で大阪阿倍野に引っ越す。天王寺駅から歩いて五分ほどの都会のど真ん中である。

そこから中学、高校に通い、京都の立命館大学に入学してからも自宅通学していた。都会っ子である。

「でも、どうもね、都会は向いてないという気が当時からあってね、それに馬は小さい頃から好きだったしね」

競馬に興味を持ち出したのは中学時代からだった。

「テレビ放映っていうのがいつから始まったか分からないんやけど、昔ガーネットという馬が、有馬記念で外から突っ込んできてね、たぶん中学生時代だったと思うんだけど、あのシーンがすごく印象に残っていてね、あの頃からずっと心の中に競馬というものがありましたね」

調べてみた。ガーネットが勝ったのは昭和三十四年の第四回有馬記念である。皇太子（現天皇）成婚、力道山、街頭テレビの時代だ。若く見える白井だが、さすがに歴史がある。

白井寿昭は調教師の中でも際だった経歴を持つ。
(1)競馬サークル外の生まれから単身飛び込んだ。
(2)大学の経営学部卒業であり、サークル活動も馬には関係なく、マンドリン部でギターをひいていた。
(3)厩務員から調教助手を経て調教師になった。

現在は調教助手から調教師になる人も増えているし、大学卒の人も、サークル外育ちの人もけっこういる。しかし彼らは通例、獣医学部卒であったり、馬術部所属であったり、あるいは調教師の息子であったり、もともと何らかのかたちで馬とのつながりをもっている。そういう意味で前記の三条件を兼ね備えた白井は大いに異色であり、競馬に関してはまったくの遅咲きといってよい。

しかし、それゆえにサラリーマン路線にいた学生が競馬世界に飛び込むシーンは劇的なものがあった。

「大学三年のときでした。いつまでもギターひいててもダメやと思って、クラブを辞めたんです。そうすると、その中学時代からの抑えていた血が騒いできて、どうしても馬の仕事をしたい、それに田舎、特に北海道に行きたいという気になってきた。夏の間、いっぺん牧場で働いてみようと思ったんです。荻伏にオンワード牧場っていうのがあってね……」

ぼくが場所を確かめるために日高の牧場地図を出すと、白井もまるで青春時代を懐かしむように覗き込んだ。

「そうそう、この浦河の谷の奥です」

日高の馬産地というのは、苫小牧から南端の襟裳岬に向かって、門別、新冠《にいかっぷ》、静内、三

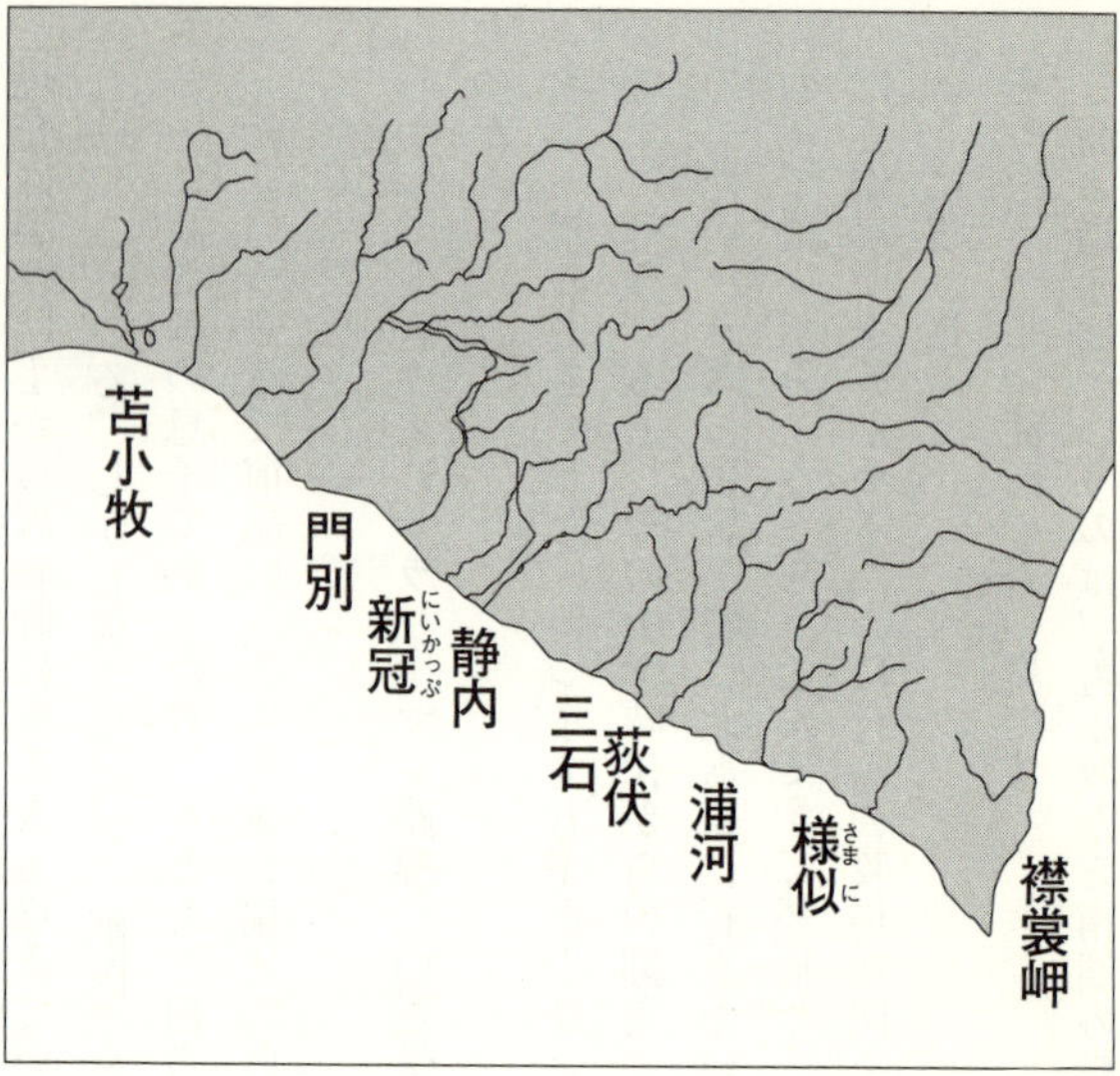

石、荻伏、浦河と並んでいる。昭和四十一年夏、フェリーで小樽に着いた大阪の若者が、海沿いの日高本線と路線バスを、リュック一つかついで乗り継ぎ、一番奥の浦河の牧場にたどり着く。丸三日の行程である。

　想像すると、ちょっと胸に迫るものがある。

「別にツテがあったとか、そういうんじゃない。ただ当時ミスオンワードとか、アポオンワードとかオンワードの馬が活躍してて、競走馬というと、オンワードっていう名前が浮かんで、それでとにかくオンワード牧場を考えたんです」

知識派としてならし、獲得賞金第1位にまでなった現在の調教師生活から考えると、これは単純な発想ではないだろうか。

「まず手紙を出したんです。牧夫みたいなことをやらせてくれませんかってね。そうしたら、その年は人手が間に合ってるからということで断られたんです。断られてるのに、一人で汽車とバス乗り継いで、浦河のこの谷の奥まで行ったわけです。何考えてたんやろね」

白井は昔を思い出して、自らの無鉄砲さに苦笑する。

「もう夕暮れでね、リュックかついで牧場入っていったら、うわー、来たんか、アカンて言うてるのになんで来たんや、はい、何となく来ましたって言って、もう訳は分からんわね」

オンワード牧場で一晩泊まらせてもらった白井は、翌日、オンワード牧場の人の勧めで、さらに南の沢（牧場地帯としては、襟裳に最も近い最南端の幌別川沿い）を職を求めて徘徊する。

しかし行けば何とかなるだろうという気持ちは甘かった。訪ねる牧場、訪ねる牧場ですべて断られる。

最奥地のオロマップ・キャンプ場まで行って、引き返そうとしたら、あたりはもう真っ暗になっていた。帰りのバスも、泊まる所も見あたらない。

　バス停留所でほの暗い灯りの中、「クマ出没注意」の看板を見つけて、急に不安がおそってくる。

「何してんだ、こんなとこで。もうバスなんかないべさ」

単車で通りかかったオジサンが、不審に思って声をかけてくれる。

「はあ」

「クマ出るぞ、クマ」

「はあ、牧場の仕事探して回ったんですけど、なかなかなくて」

「おお、アルバイトか。したらウチに来ればいいべさ。でも仕事はキツいぞ」

「はい。キツくてもクマに食われるよりはいいですから」

　オジサンは幌別川沿いでも大手の岡本牧場の人だった。

　単車の後ろに乗り、真っ暗な幌別川沿いの道をオジサンの腰につかまりながら走る。ガタガタ道で尻は痛かったが、この時の安堵と喜びは今でも忘れない。

　しかしほっと一安心したのはつかの間だった。翌日から想像以上にハードな仕事が待っていた。

「まあ、キツかったですよ。朝五時から晩は八時頃まで、馬の手入れや牧草上げ以外にウマヤ作りまでやったからね。土間作りね。ムシロ敷いて、粘土入れて、それを固める。これがシンドかったな。それから牧草地を広げるっていうので、山に入って木の伐採までやった。なんせ本職の、その牧場にずっといた人まで逃げ出したぐらいやからね（笑）。その本職が逃げ出したおかげで、ぼくは十月の初めまでおらされたからね、もう学校も始まってんのに。辛かったなあ」

辛かったと言う割に、白井は翌年、大学四年の夏も再び岡本牧場に住み込む。

「そんなキツい労働の中でも、馬が好きっていう気持ちは変わらんかったからね。かえって情熱が湧いてきたからね」

何だかんだといっても、白井寿昭は辛いのが好きなのかもしれない。この時は白井の牧場経験に触発された学友を連れていった。しかし頑張り屋のその友人ですら、やはり一カ月もたず、音を上げて帰った。

自ら手紙を書いて、今年は仕事はないという断りを受けても出掛けていって、キツい仕事をふた夏頑張り通したという、これが白井寿昭の競馬人生の原点である。

しかし白井を競馬世界へ駆り立てたのは、馬に魅せられたという、感性的なところだけではなかった。

「当時ねえ、『中央競馬のすべて』っていう、ちっちゃい単行本が出てたんですよ。それはまあ、馬の体の名称とか、癖とか、血統のことなんかが出てて、馬に興味があったんで読み始めたわけやけど、最後の方に中央競馬会の売り上げ表が出てて、とにかく戦争中を除いて、すべてアップアップアップできてて、まあ統計学も習ってたからね、これは凄いなあ、こういう商売は不景気ないなあと思ってね（笑）。もちろん馬が好きっていうのが、一番にあったんですよ、そこはちゃんと言っとかないとね、それはあったんだけど、まあ、それを読んで、食いはぐれはないっていう気持ちも持ったんですよ（笑）」

馬への愛着と経営学的見地、白井寿昭の日本中央競馬会への入会はロマンと合理性の両方に裏打ちされていた。それはそのまま現在の厩舎運営の理念ともなっているし、後述する最強馬生産への〝白井方式〟となって結実したと言える。

異色の経歴

「大学四年の七月には内定もらってたんです。外資系の計算機の会社でしたけどね。試験受けて内定もらってました。うちの父親はそういう会社勤めを望んでたからね。でもどうも都会育ちだから（笑）、逆に都会はいやだなあって、前の年に北海道の良さみたいなのも知ってたから、田舎がいいなあって感じはずっとくすぶってたね」

白井が日本中央競馬会の厩務員試験を受験したのは昭和四十三年の年明けである。

それまで縁故関係とか、知人の紹介など、調教師の胸三寸で採用していた厩務員だが、その二、三年前から中央競馬会統一の採用試験を実施するようになった。

給料の規定も高卒者にはあるのだが、大卒の者にはない。大卒の厩務員試験受験は白井寿昭が初めてだったのである。

「では、どんな厩務員になりたいのか言ってみて下さい」

簡単な筆記試験のあと、面接試験が始まる。

面接官は現在の白井の同年代ライバルの一人、坂口正大調教師（マヤノトップガン、キングヘイローなど）の父・坂口正二調教師だった。

「ダービー馬を育てる調教師になりたいです」

白井ははっきり答える。面接官は一瞬絶句する。

「いや、あのね、分かってるかな。これは調教師の試験じゃないの。厩務員の試験。厩務員のね。だからどんな厩務員になりたいかって聞いてるの」

「はい、立派な調教師になりたいです」

厩務員試験の面接で、「調教師になりたい」と答えたのは、いまだにただ一人と言われている。

現在では厩務員試験を通ったら、厩務員養成課程の研修を半年間受けなければいけないが、当時はすぐに厩舎配属となる（そのためにまったく初めて馬に触る厩務員もいたということだ）。

白井寿昭が所属したのはダイナナホウシュウ（昭和二十九年皐月賞、昭和三十年秋天皇賞）、ミスマサコ（昭和三十八年桜花賞）などで有名な名門・上田武司厩舎である。

上田厩舎の門を叩いたのは、何か縁故があったのだろうか。

「いや、そういうんじゃなくてね、当時は厩務員春闘が激しくてね、みんな馬そっちのけでやってからね。そのときに調教師会の本部長だったんや、上田武司さんがね。それで新聞で何度も名前を見てたから、手紙を書いたんですわ。厩務員になりたいって」

牧場で働いてみたいと思ったときは、当時最もよく耳にしたオンワードという名前からオンワード牧場に手紙を書き、厩務員になるときは当時新聞で最も名前を目にした調教師会本部長あてに手紙を書く。こう言っては何だが、白井寿昭の行動形態は案外単純である。

しかしここでも白井の「手紙攻撃」は功を奏する。試験会場で上田調教師との面会も実現し、そのまま所属となる。なりたい、やりたいという意志があれば、とりあえずアタックしてみることだという見本ではないだろうか。要は行動力である。

同門(上田武司門下)の調教師としては上田三千夫(引退)、瀬戸口勉、安藤正敏、中島敏文(美浦)、松田博資らがいる。

「同門ていっても、ほかはみんな元の所属騎手ですからね、ぼくなんかはやっぱり部外者みたいなもんでしたよ。でも古い厩務員さんも〝厩務員ではつまらんで〟というようなことを言ってくれる人がいてね、調教助手の免許、それから臨場資格って言って調教師代理の業務の資格も割合早く取りましたよ」

現在の厩舎体制というのは、調教師の下に、馬に乗って日々の調教をつける調教助手と馬の世話をする(原則的に一人で二頭担当)厩務員がいる。

登録業務や調教師代理をするのは調教助手だから、現在では厩舎スタッフというのは調教師・調教助手・厩務員の順で格付けされているようだが、当時はまだ調教助手の地位が確立されていなかった。

調教助手というのは騎手を引退したスタッフとか、馬事公苑長期課程、短期課程などを経て下乗りとなったが、騎手試験に合格できなかった者などが従事する仕事ぐらいにしか思われていなかった。

しかし調教師になるためには、どうしても調教助手として臨場業務などを経験しておく必要がある。給与などの不利はあっても、調教助手は経ておかねばならない過程である。白井寿昭の目標は一途に調教師だったのである。

白井は厩務員として五年（京都競馬場付き厩舎で二年、栗東トレセンに移転して三年）、調教助手として五年、合計十年のスタッフ生活を経て、昭和五十三年、三十三歳の若さで調教師となる。

栗東でも中村均、増本豊ら、三十歳そこその若さで調教師になった者はいる。しかし彼らの多くは調教師二世であり、サークル外から飛び込んだ人間としては記録的な早さの開業といっていい。

「調教師になりたい」という破天荒な言葉を言って、厩務員試験に臨んだ若者はわずか十年でその言葉を実現した。

ただ一つ、白井寿昭にとって残念だったのは、ようやく競馬界で生きていくことを理解してくれ始めた父親が、開業数年前に他界したことだった。

同期に合格した調教師の名前を聞いたら、即座に関西の六人の名前が出てきた。

「安藤（正敏）さん（同門でもある）、池江（泰郎）さん、福永（甲）さん、中尾正さん、新川（恵）さん、吉岡（八郎）さん」

同期というのは、やはり色々な面で意識するもののようだ。

「対抗意識っていうようなことではなくてね、厩舎開業からの色々な苦労とか失敗談を、お互い話したり、相談したりしてね。この前も、ちょうど開業二十年になるからパァーッといこかみたいなことで、一緒にやったんです。うちらの同期はけっこう仲はいいですよ。そのときも（自分たちのことを）若手、若手って思ってたけど、今は新しい人の方が多いぐらいになってきたなあって、みんなで話したりしましたよ」

この年は関東でも七人の合格者を出している。現在、年齢的にも五十にさしかかった人が多く、競馬サークルの中核をなしている世代といっていいだろう。

白井血統ロマン

「競馬は素材だ」という言葉は、白井寿昭の競馬に対する信念である。

調教はもちろん大事だが、どの馬にもそれ以上は抜けられない、生まれつき備わった上限のようなものがある。その上限の高い馬を見つけて調教をほどこすというのが調教師の仕事だという持論である。

「幸い、いい厩舎スタッフに恵まれて、今はこちらの調教意図をうまく汲んでやってくれている。だからこそ、彼らのためにもいい素材を提供したい」

白井は「スタッフのためにも」という言葉に力を入れて説明する。

「例えば厩務員が厩舎の周りを引き運動する。そのときでも期待されてない馬だと思えばどうしてもやる気に影が差す。でもこれは凄い血統の馬なんだと厩務員自身が思えれば自然に背筋も伸びてきて、仕事に張り合いも出る。こちらからこうしろ、ああしろじゃなくて、自然にやる気が出るのが一番だし、やる気が出るようにするのが調教師の務めでもあると思うんです」

血統といえば、我々ファンの側はどうしても種馬の方に目がいくが、白井が特に大事にするのは母系である。

ここにもまた、白井流のロマンと合理精神の融合をみることができる。

種馬を輸入するというのは、一調教師や一牧場でどうこうできるものではない。

好みの血統を実現していく手段としては繁殖牝馬の所有ということになる。だが日本国内で実績牝馬とか、良血牝馬を手に入れようと思えば、とても高くつく。白井は、学生時代からの馴染みの馬産地へ行くたび、子馬や繁殖牝馬の高騰ぶりに頭を悩ませていた。

アメリカやヨーロッパへ買い付けのアドバイザーとして行くようになると、白井はあることを思うようになる。セールでの2歳馬、3歳馬の買い付けも大事だが、白井はどうかすると、その母である繁殖牝馬の方に目がいく。

「これらの牝馬を輸入することの方が割安ではないか」

果たしていい子を出すかどうか、賭けのようなところもあるし、血脈を定着させるには時間もかかる。しかしこれは日本の生産界にとっても大事なことであるはずだ。内輪だけの配合をやっていてはすぐに限界がくる。経済力の出てきたこれからの日本競馬界に求められているのは新しい系統の導入である。

かつて上田武司厩舎に所属し、厩舎ゆかりの牝系となっていたミスブゼンという馬がいた。コスモドリーム、ラッキーゲラン、シルクスキーなどを出した名牝系の元となった馬である。考えてみれば、この牝馬もオーストラリアで発掘されたものだ。トウショウボーイの母ソシアルバタフライという名牝もアメリカから輸入されている。

これらの例も白井を勇気づけた。白井は外国へいくたび、繁殖牝馬による新しい血の導入ということを考えるようになった。

「牝系への着目、繁殖牝馬の輸入」という〝白井ドリーム〟は徐々に進行し始める。もちろん調教師一人だけでことは進まないが、幸いなことに、白井には、日高大洋はじめ親交ある牧場、信頼関係にあるオーナーたちが理解を示し協力を申し出てくれた。

〝白井血統ロマン〟には、安直に言えば「割安でっせ」という経営学部卒らしい合理性が付随している。どんなに素晴らしい繁殖牝馬でも「ここまで高くなったらやめといた方がいいです」と、逆に牧場主、オーナーに歯止めを掛けることもある。この合理性が牧場やオーナーに諄々《じゅんじゅん》と信頼感を植え付けていった。

既成の手段にとらわれない、生産まで見据えた〝白井ドリーム〟は長い時間を掛けて熟成されていった。


早くから知識派調教師として注目されながら、白井のポリシーが花開くのは開業十五年目のダンスパートナーを待たねばならなかった。

白井はダンスパートナーが生まれる五年ほど前、アメリカのセールでダンスの母親のダンシングキイに注目していた。

「ちょうどバブル絶頂期でね、いい繁殖牝馬が日本にたくさん入ってきてたんだけど、その中にダンシングキイもいるって聞いたんです。以前アメリカで見たときにいい馬だなと、喉から手が出るほど欲しかった馬なんだけど、買えなかったんですよ。現役時代はアメリカで未勝利だったんだけど、四十五万ドルぐらいしたんです。高かったですね。それが社台に入ったって情報が入ったんで、ぜひダンシングキイの子が欲しいということで、早くからオーナーの方にもお願いしてたんですよ」

ダンスパートナーとの出会いは、血統に注目し、外国にも足を運び、生産地との連絡や人脈を大事にしておいたからこそ出現したものといえる。

長年温めていた血統ロマンと、生産地・オーナーとのきずなは、このダンスパートナーを機に一気に花開く。

厩舎開業十五年でGⅡ1勝、GⅢ6勝だったのが、ダンスパートナー以降の五年で、GⅠ6勝を含め重賞22勝（交流重賞も含む）という大ブレークを果たす。ダンスパートナー、スペシャルウィークの二大傑出馬以外にも、オースミマックス、シルクフェニックス、リザーブユアハート、オースミジェット、ビッグバイキング、アグネスデジタルと、重賞馬は枚挙にいとまがない。〝白井ドリーム〟は二十年かけて、やっと大輪を咲かせたといえる。

い。

日本一のスペシャルウィーク・ファン

スペシャルウィークとの出会いも、白井寿昭の血統に対する情熱が生んだところが大きい。

話はまた三十年前の牧場修行時代にさかのぼる。

住み込んでいた浦河の岡本牧場の近くに名門の鎌田牧場というのがあった。当時ちょうどコダマ（昭和三十五年二冠馬）が種牡馬として上がってきていたが、コダマの母親シラオキがこの鎌田牧場にいた。シラオキは自身も昭和二十四年ダービー2着ほか9勝を上げた名牝である。

競馬好きのアルバイト学生は、日々の牧草上げをしながら、コダマを生み出したシラオキを何度か見る機会をもつ。調べてみると、血統も素晴らしい。「シラオキの牝系」というのは、いつしか白井の中で聖域に似た特別の響きをもつようになる。事実、後年この系統からシンツバメ、サンエイソロン、シスタートウショウ、サマニベッピン、マチカネフクキタルなど、多くの名馬が輩出される。

「シラオキの系統の馬をやりたい」という欲求は、厩舎スタッフ時代から抱いてきた長年の夢だったのである。

同じころ、門別・日高大洋牧場の先代社長もシラオキに着目した。浦河・鎌田牧場生産のシラオキの子や孫の牝馬を、日高大洋の先代社長が腹を決めて高価格で買った。

その情報はもちろん栗東の新進調教師・白井の耳にも入る。白井寿昭と日高大洋牧場との、二十年にわたる深いきずなのきっかけはシラオキの血脈だったということができる。

白井が「もっと大成していたはず」と今でも悔しがるのが、日高大洋生産のコーリンオーである。

昭和六十年スワンステークスで、白井厩舎に初めてのGⅡをもたらしてくれたこの馬も、日高大洋所有のシラオキの孫タイヨウシラオキ（父ドン）から生まれた。快足を誇り、大いに期待されたが、故障により引退を余儀なくされる。

昭和六十二年から種牡馬として供用されたが、わずか一シーズンで用途変更された。

「何か大きいところを取らせていれば、種牡馬としてもっと重用されていたはず」

と白井は期待の血統馬のことを今でも残念がる。

しかしコーリンオーから十三年の年月を経て、「シラオキ」「日高大洋」「白井厩舎」の〝血統ロマン・トライアングル〟に再び逸材が出現する。

日高大洋所有シラオキの孫レディーシラオキに、これも白井好みのマルゼンスキーが掛け合わされて生まれた子供が、スペシャルウィークの母キャンペンガールだった。

平成七年五月二日、このキャンペンガールとサンデーサイレンスの間に待望の牡馬が誕生する。のちのスペシャルウィークである。

「スペシャルの姉のオースミキャンディ（父ヘクタープロテクター、7戦2勝、平成十年暮れ日高大洋の火災で死亡）もウチにおりまして馴染みも深かったし、今度のは（父が）サンデーサイレンスですしね、どんな子が生まれるかなあと思ってたら、期待した男の子が生まれたということで、すぐ見に行ったんです」

白井の快活な口調からも、期待がどれほどであったかがうかがえる。シラオキの母系にサンデーサイレンスという配合で出来た男馬は白井寿昭の三十年来の夢といってもよいものであった。

「五月二日に生まれたんだけど、ぼくは連休の終わりには行きました。足長のヒョロヒョロッとした子で、顔つきとか、首さしとかのどこか華奢な感じはよく印象に残ってますね。もちろん〝これは〟っていう感じはありましたね。もうそればっかり見てますからね、ぼくらの仕事というのは」

スペシャルウィークはそのヒョロヒョロッとした感じから着実に成長し、白井の期待もますます高まっていく。

「うーん、残念なのは、そのときぼくは生まれたばかりのスペシャルの写真を撮ったし、当歳から2歳にかけて、ぼくはずっと写真を撮ってたんですよ。それがどっかにいってしまって、この前もテレビ局の人が欲しがって探したんだけど、ないんだわ、どこ探しても。大事にし過ぎてどこいったか分からなくなったんですよ。牧場の人は撮ってなかったからね。ぼくしか撮ってないから、それが残念でね（笑）」

白井は結構本気で残念がる。このあたりは、われわれ一競馬ファンと変わらない。若い頃の熱血競馬人間の面影が出ている。白井寿昭は日本一の〝スペシャルウィーク・ファン〟でもあるのだ。

スペシャルの母キャンペンガールはスペシャルを産んだあと、肥立ちがうまくいかず死亡する。スペシャルは乳母と牧場スタッフによって育てられる。しかしまるでキャンペンガールの遺志を継ぐように、この期待の子馬は順調に育っていった。

「ぼくは五月六日か七日には行ってると思うんだけど、そのときにはもうキャンペンガールは息をひきとったあとだったね。でも馬を預かる側から言うと、どうしても子馬の方が気になるから、正直言うと、そのときは子馬のことばかり見てた記憶があるんですよ」

スペシャルウィークは当歳の頃から圧倒的に光るものがあった。しかしそれはわれわれ一般ファンが見るたくましさというのとは少し違うようだ。

「うん、やっぱりね、ぼくなんかはそればっかり見てる専門やから、どういう雰囲気を持ってるかとか、こう成功したり、失敗したりとか、色々なケースが頭のコンピューターの中にあるでしょ。だからイメージが浮かんでくるわけやね。成長してどうなるかっていうのがね」

もう少し具体的に言ってもらいたいような……。

「えーっとね、特にサンデー（の子供）なんかの場合は、ぼくが思うにはですよ、あまりゴツくなくて、どこもここも素晴らしいっていうんじゃなくて、どこか華奢で、弱さがあるようなのがいいんやな。もうガッチリして、品評会に出てきてもパーフェクトというようなのは、ぼくはあんまりよくないなと思ってる。まあ、そのへんは説明しにくいけど、一般的に言えることは、大体オヤジに似た、つまり母親じゃなくて種牡馬に似た感触がいいよね。そうそう。うちのスペシャルも流星から毛色から似てるでしょ。それにアドマイヤベガとかトゥザヴィクトリーもサンデーに似た流星を持ってるからね。流星とか、毛色とかね、そういうのはオヤジの遺伝力を表しますからね。でもまあ、そういう見分け方というのは自分のフィーリングというところがあるから、なかなか言いにくいけど」

「おめでとう」の伝説

門別・日高大洋牧場は初のダービー馬誕生に沸いた平成十年の暮れ、悲劇に見舞われた。一つの厩舎が全焼し、繁殖牝馬十九頭が焼死するという痛ましい火事が起きた。その中にはシラオキの牝系をつなぐスペシャルウィークの半姉オースミキャンディ（父ヘクタープロテクター・白井厩舎所属・2勝馬）もいた。

「キャンディもそうでしたし、その年か、その前の年に買いに行った牝馬もいたんですよ、ワンドっていってね、サドラーズウェルズの近親でね、それが手頃な値段で入ったからね、ものすごく期待してたし、ジュライセールで買った牝馬なんですけど、うちで4勝して準オープンまでいったハセノライジンていうのもいて、これも（繁殖で）期待してたからね。残念でしたね」

日高大洋の先代社長、現社長と共に、海外で買い付けてきた多くの逸材を失った。

日本一繁殖牝系を大事にする調教師にとって、共に歩んできた日高大洋の不幸は、大変なショックであった。しかしその不幸を払拭するかのように、年が明けてからスペシャルウィークは大活躍する。

ＡＪＣＣ、阪神大賞典、春天皇賞と無敵の快進撃。しかし宝塚記念ではグラスワンダーの前に完敗の屈辱を喫する。

海外遠征のプランもとん挫した。凱旋門賞で、エルコンドルパサーに前年ＪＣ敗北の借りを返すというのも不可能となる。

年内引退を表明し、白井厩舎陣営は、秋の国内4戦に的を絞って計画を立て直す。

平成十一年十月十日京都大賞典、最後の秋ＧＩ戦線にスペシャルは再び勇姿を現す。しかしここでスペシャルは7着という、生涯ただ一度の着外敗北を喫することになる。

「どうしたスペシャル」「信じられない」と翌日のスポーツ紙の見出しが躍った。

「まああれはね、（大賞典の前の）記者会見でも言ったんやけど、あと3戦もあるんやから、あんまりビッシリ仕上げたらオツリがなくなるってことはあったわけなんです。でも出れば当然本命になる馬だから、いいかげんな仕上げはできないってことも一方ではある。あえていえば、その両方の思惑の中で、ああいう結果になったということが言えるかもしれません」

この頃からスペシャルウィークは調教であまり走らなくなっていた。最終調教でもスッと抜け出すというところが見られない。そしてそのズブい走りは、三週間後の天皇賞の追い切りでも続く。

「しまい重点という稽古は予定通りです。ただし、動きは前走（京都大賞典）の調教同様不満が残ります」

これが追い切り後の白井のコメントだった。このあたりに白井寿昭の正直さがよく出ている。いいと思ったら「いい」、悪いと思ったら「悪い」と、ケレン味や駆け引きなく言う。そこに熱血競馬ファンから単身サークル入りした者のポリシーが感じられる。

しかしだからこそ余計にファンの方は「白井調教師があぁ言うんだから、やっぱりダメだろう」という気になった。

「ほんとうに自分でも追い切り終了の時点では自信がなかった。それは嘘でも何でもない正直な気持ちです。でも府中の装鞍所で鞍つける時に、ふっと、これはいけそうやなと思ったんですよ」

それもやっぱりフィーリングだろうか。

「フィーリングっていうより、データを見たら分かるように、負けた時は480㎏から、それ以上あって、いいときは470前後ぐらいですからね。別に体はどこも悪くなくて、カイバ食いが悪いとか、そういうこともないんだから、ずーっと体を絞っていけば、この馬の能力は出せるという気持ちがありました。それが当日になってうまく出てきたかなっていうことを感じたんだわ。これで走らんかったら、ぼくらのやり方が間違ってたんかなあとか、コンピューターが狂ってくるかなあぐらいの感じになりましたね」

追い切り前には496ぐらいあった体重を、追い切ったあとも汗取りをつけてキャンターしたりと、様々な努力をして削ぎ落とすことに努める。

それが土壇場になって、府中の装鞍所でようやく表に出てきた。

「ユタカ、よかったなあ、おめでとう」

伝説となった、パドックでの鞍上・武豊への呼びかけはこのとき出た。戦う前の騎手に「おめでとう」と言ったのである。

しかし勝因は、短期間の仕上げで体重を落とすことに耐えられるスペシャルウィークの強靭な体質にあったのではないだろうか。それは「競馬は素材だ」と信じ、それを長期間にわたって実行してきた白井ドリームの二十年の勝利でもあった気がする。

強豪相手のジャパンカップでも体力の強靱さは気性面のゆとりとなって出る。

「ぼくの感じとしては、馬っていうのは太くなると、変な力みを出す。体調がよくて、カイ食いがよくてもそうなんです。特に超一流のレースになると、そういうことがものすごくマイナスになる。そこをうまく御すのが名ジョッキーであるわけだけど、しっかり馬を作るのはわれわれの仕事であるわけです。だから例えば宝塚のときは、馬が力んでいって、しょうがなくて早めにまくりあげていって、結局グラスワンダーに交わされたでしょう。やっぱりあれは太かったんです」

　有馬記念では、またもやグラスワンダーに鼻差及ばなかったものの、ＧＩ・3連闘に耐えられる強靱な体力としなやかさを見せた。有終の美を飾ったと言える戦いぶりだった。

　しかしそれにしても、残念なのは早すぎる引退である。

　エルコンドルパサーも、古馬になって一度も日本で走ることなく引退してしまった。スペシャル・エルコンドル・グラスの三強対決が一度でも実現していれば、どんなにか盛り上がっていただろうし、競馬界発展にもつながっていたと思うのだが。

「やはりねえ、馬主さんとも色々と話しましてね、種牡馬としてのシンジケートの関係もあるようで、まあ馬主さんの意向もありますし、仕方ないところでもあるんです。まあ、競馬を支えてくれるファンの気持ちももちろん考えなきゃいかんとも思うんですがね、経済事情をはじめとして、取り巻く事情っていうのが色々ありますからね、エルコンドルにはエルコンドルの、スペシャルにはスペシャルの事情っていうことがね。担当している者としては残念なところもありますけど、仕方ないですね」

言葉の端々に、ファンの気持ちと、オーナーや生産者の気持ち、その両方を理解できる者の苦渋のようなものが感じられた。

調教師の新形態

白井寿昭は知識派調教師を代表する一人である。特に血統への造詣の深さと愛着には定評がある。これは白井の若い頃からの競馬への情熱の柱となっている。

サンデーサイレンスとキャンペンガールの間に生まれた男馬(スペシャルウィーク)を、自らカメラを持ち、写真ファイルを作るほど喜んだ。その喜びも、さかのぼれば四代前の母シラオキの血脈にベースがあったというのは驚きである。しかし逆にいえば、ジレンマもあるのではないだろうか。

現在の日本競馬の制度の中では調教師は生産者や馬主を兼ねることはできない。

独特の血統や配合の持論を、調教師という仕事の中だけで十分に活用することに不満はないのだろうか。

「一般的には調教師というのは、馬を預かって、レースに向けて調教して、どのレースに使うとか、騎乗を誰に頼むかとか、そういうことを現場の責任者としてやっていくという、それは調教師の仕事の基本としてはあるわけです。馬というのは出産から育成、それから競馬の中に入ってきて、レースして、また出ていって繁殖に回ったりするという、そういうサイクルを生きるわけだけど、その中で、われわれの一番のウエートはもちろんトレセンでの調教にあるわけです」

白井寿昭は噛んで含めるように説明してくれた。

「ぼくは特に牧場に飛び込んで、そこから厩舎に入ったっていう経緯があるから、生産とか、配合とかということに、ほかの調教師の人よりは関心が高いということはあるかもしれない。しかし競馬にかかわる者として、より速く、より強い馬を出したいと思うことは当たり前のことです。それには配合、血統のことは不可欠です。だから生産者、オーナーの協力を得て、長い時間をかけてそれをやっていきたいということがあるんです」

今の競馬界において、調教師の業務は想像以上に広範囲に渡っている。

馬の配合、生産、購入においても調教師の役割は大きい。少数のオーナー・ブリーダー（生産牧場主と馬主を兼ねる）を除いて、馬主の多くは馬産地ではなく、都会に住んでいる。例えばふだん都会で不動産会社の社長をしている人や、医者をしている人に、一頭数千万するサラブレッドの善し悪しはなかなか分からない。そこで調教師の力が大いに試されることになる。

つまり、今の調教師にはオーナー、生産者と関係を密にして、言ってみれば一つの〝競馬チーム〟を形作り、長年にわたって理想のサラブレッドを生産していく体制が求められている。そういう人的関係を作る能力と、競馬界全体を見渡すことができる視野の広さが求められている。

その新調教師形態に先鞭をつけたのが白井寿昭であり、スペシャルウィークの成功であるといえる。

血統ロマンと経営合理性を合わせ持つ白井寿昭の活躍は、新形態の調教師像をも暗示している。

牧場編1——生産

生産者　小野田一族の執着

取材・文／望田潤

「どうしてもシラオキの血を引く繁殖牝馬が欲しい……」

スペシャルウィークの四代母であり、稀代の名牝の血を得るために、日高大洋牧場が打った秘策とは？

シラオキ

スペシャルウィークの生まれ故郷日高大洋牧場は一九七〇年に、埼玉県浦和市で不動産業を営む小野田正治が創設した牧場である。

馬主となった当初、南関東で主にアラブを走らせていた正治が競馬の世界にのめり込むようになったのは、所有馬の中の一頭アッナイザクラが南関東のオープンで活躍したことがきっかけだった。

馬主となって五年後には、はやくも日高大洋牧場を設立、不動産業は専ら長男の芳雄に任せ、自身は北海道に腰を据え、莫大な資金を馬産に注ぎ込んだ。門別に広大な土地を買って開拓し、従業員を雇い、繁殖牝馬を方々から買い集めたのだ。

多岐にわたる牧場業務の中で正治が特に力を入れたのは、良血の繁殖牝馬を買い集めることだった。

桜花賞馬ホウシュウクインの娘ホウシュウスタン、桜花賞馬オヤマテスコの母トサハヤテ、ミアンダー系のミアンダーニセイ、ウメハル→ヨシリュウ系のセントダッシュ、トートレル→オカメ系のセントオカメ、アストニシメント→マットミ系のタイヨウスズランと、当時活躍馬を出していた牝馬や牝系が、毎年のように日高大洋牧場に導入されていった。

ホウシュウスタンの娘セントオープンは、東京ダービーや羽田盃に勝ったキングハイセイコーを産んだ。セントオープンの父は、スペシャルウィークの祖母の父でもあるセントクレスピン。正治は買い集めてきた牝馬に、この凱旋門賞馬の種をよく配合した。

正治の息子で、現日高大洋牧場ゼネラルマネージャーの小野田宏によると、

「牧場設立当初は新参者で、同業者との付き合いがあまりない。だから種牡馬のシンジケートにもなかなか入れてもらえなかったんだけど、鳴り物入りで輸入されたセントクレスピンはとにかく種付料が高かったので、お金さえ出せばシンジケートに入ることができた。それで親父は、知り合いを通じて種付け株を六つほど手に入れたわけです」

セントクレスピンは一九五六年生まれ。凱旋門賞、エクリプスSなど6戦して4勝を挙げた名馬である。

一九六〇年にアイルランドで種牡馬入りし、アルテスロワイヤル（英オークス、英1000ギニー、輸入種牡馬マグニテュードの母）などを輩出した後、一九七一年からは日本で供用され、エリモジョージ（天皇賞、宝塚記念）、アイノクレスピン（神戸新聞杯、オークス2着）などを出した。

輸入された翌年の七二年には持込の産駒タイテエムが菊花賞2着、ダービー3着とクラ

シック戦線で大活躍。当時馬産地で大きな期待を集めていた種牡馬である。

それだけに種付料も相当なものだったようで、

「当時で七億だか八億だか、とにかく破格のシンジケートだったからね。今で言うとラムタラにも匹敵するぐらいの額じゃないかな」（小野田宏）

良血牝馬を次々と買い漁り、それらにセントクレスピンの高い種を五つも六つも付けている牧場が門別にある。そんな噂を聞きつけて、尾形藤吉、藤本冨良、小林稔といった名調教師たちが次々と牧場に訪れるようになった。

「ところがいざ交渉の段になって、『売ってくれ』と言われると、『名調教師の眼鏡にかなったぐらいの馬だから、これは絶対に走るに違いない』と親父は思うんだよね。そうすると急に売るのが惜しくなってくる。で、『やっぱり売らない』と（笑）。

そういうことが何度か続くうちに、いつの間にか『あそこの牧場は馬を売らない』という風評が立ち、お客が来なくなってしまった」（小野田宏）

良血牝馬を手に入れるためなら金を惜しまなかった正治だが、特にシラオキの牝系に対する思い入れは大変なものがあった。

スペシャルウィークから数えると四代母にあたるシラオキは、一九四六年、日本の馬産の礎となった岩手の小岩井農場で生まれた。

父はリーディングサイアーのプリメロ。牝系はイギリスから小岩井農場に輸入された偉大な基礎牝馬フロリースカップに遡り、祖母のスターカップは帝室御賞典など12勝、近親にもハクリュウ（帝室御賞典）、ミナミホマレ（ダービー）、ヤマニンモアー（天皇賞）など活躍馬が多数出る名門である。

シラオキは3歳から6歳まで走り、通算48戦9勝の成績を残した。函館記念に勝ったほか、牝馬ながら果敢にダービーに挑戦し、勝ち馬タチカゼと半馬身差の2着に入っている。オークス（当時秋開催）はキングナイトの3着だった。

しかしシラオキの名血が本当に輝き出すのは、浦河の名門・鎌田牧場で繁殖入りしてからのことで、コダマ（ダービー、皐月賞）、シンツバメ（皐月賞）の兄弟を産み、たちまち脚光を浴びることとなった。子孫にもマチカネフクキタル、シスタートウショウ、サンエイソロン、シヨノロマン、ミサキネバアー、サマニベッピン、ハシコトブキなど数え切れないほどの活躍馬が出て一大牝系を築き上げ、今なお枝葉を伸ばし続けている。

いきなりダービー馬と皐月賞馬の母となったシラオキの名繁殖ぶりは、今で言うならパシフィカス（ビワハヤヒデ、ナリタブライアンの母）か、あるいはダンシングキイ（ダンスパートナー、ダンスインザダークの母）かといったところだろう。

しかしパシフィカスやダンシングキイがいかに優れた繁殖牝馬でも、十年後、二十年後に今のシラオキ系ほど子孫を繁栄させることが果たして可能だろうか。

そう考えてみれば、シラオキの母としてはもちろん、「母の母」や「母の母の母」としての偉大さがお分かりいただけると思う。

当時の馬主や生産者にとっては、喉から手が出るほど欲しい牝系だったに違いない。もちろん、良血牝馬が大好きな正治がこのシラオキの血を欲しがらないわけはない。

まず正治は、浦河の中山牧場からタイヨウシラオキ（父フロリバンダ、母ウインナー、母の父ソロナウェー、母の母シラオキ）を購買する。

快足フロリバンダを父とするタイヨウシラオキは、コーリンオー（日高大洋牧場産初の重賞勝ち馬。スワンSなど7勝。スプリンターズS3着、京王杯SC3着など）などスピード豊かな産駒をターフに送り出し、当時の日高大洋牧場の繁殖牝馬のエース的な存在となった。

「でも親父としては、同じシラオキの牝系でも本流の、ワカシラオキとかミスアシヤガワの血が欲しかったというのが本音でね。ただ、いくら親交のある鎌田さんとはいえ、さすがになかなか首を縦には振ってくれない。そこで同じシラオキでもウインナーをぐったタイヨウシラオキに、まずは白羽の矢を立てたというわけ」（小野田宏）

しかしタイヨウシラオキを手に入れた後も、正治のシラオキ熱は一向に冷める気配はなかった。何とかしてワカシラオキやミスアシヤガワの血を手に入れようと、鎌田牧場に足を運ぶ日々が続いた。

「中でも親父は、ヒンドスタンを父とするミスアシヤガワの血を欲しがっていた」（小野田宏）

ヒンドスタンは愛ダービー馬で、名馬シンザン（三冠、有馬記念、天皇賞、宝塚記念）をはじめ、ハクショウ（ダービー）、ダイコーター（菊花賞）、ワイルドモア（皐月賞）、アサカオー（菊花賞）などを輩出し、七年連続の本邦リーディングサイアーとなった大種牡馬である。たとえシラオキの名牝系であっても、かかっている種牡馬も最高のものでないと納得しない、そこらに正治の良血に対するこだわりの強さが見て取れる。

ちなみに、二〇〇〇年のチューリップ賞の勝ち馬ジョーディシラオキは、ミスアシヤガワの曾孫にあたる。

なかなか首をたてに振ってくれない鎌田牧場に対し、正治は、あるときひとつの提案をした。自らが種付け株を持っていたセントクレスピンをミスアシヤガワに無料で交配するというのだ。

そして生まれた子が牡ならば鎌田牧場のものとなるが、牝が生まれれば正治が買い取るという。これならば鎌田牧場にしても得はあっても損はないわけで、悪い条件ではなかった。こうしてついに正治氏は、ミスアシヤガワの腹を借りることに成功したのである。

名牝の系譜

セントクレスピンを種付けされたミスアシヤガワは翌年、鹿毛の牝馬を産み落とした。この牝馬こそ、後にスペシャルウィークの祖母となるレディーシラオキである。

ところで、現在日高大洋牧場にはタイヨウシラオキの娘エナローマン（コーリンオーの五歳下の妹で、クリスタルドンやトーワウイングスなど渋い上級条件馬を産んでいる）が繋養されている。そして聞くところによると、今春のスペシャルウィークの種付け候補の一頭に、どうやらこのエナローマンがあがっているらしい。

タイヨウシラオキの娘とレディーシラオキの孫との配合、正治が大枚をはたいて手に入れたシラオキの血同士の融合は、シラオキ5×4のクロスという興味深い配合になる。

「こういう牝系のクロスは日本ではあまりやらないんだけど、海外ではけっこう試みられているし成功例もあるからね。まあせっかくこうしてシラオキの牝系を残してきたわけだし、じゃあ一つ試してみようってことでね。それと、エナローマンはブレイヴェストローマンの産駒で詰まった体型だから、伸びのある馬体のスペシャルウィークとの配合は合うんじゃないかっていう考えもあったしね」(小野田宏)

レディーシラオキが誕生した数年後には、これまた門外不出といっていい名血が、鎌田牧場から日高大洋牧場に導入される。その牝馬の名はコランデアガール。

父はリーディングサイアーのネヴァービートで、母の父はハイセイコーなどを出した名種牡馬チャイナロック。

これだけでも筋の通った血統といえるが、それよりも凄いのは祖母のコランディアで、フランスの大ブリーダー・マルセル・ブサックゆかりの名血を受け、天皇賞馬ベルワイドの母となったのをはじめ、ホースメンホープ(日経新春杯)、ニッショウキング(クモハタ記念)、タケノハナミ(ローズS)、ルイジアナピット(阪神牝馬特別、牝馬東タイ杯)、ダイカツリュウセイ(新潟三歳S)などの牝祖となった名牝なのである。

「コランディアも以前から親父が目をつけていた牝系でね。でも日本では鎌田牧場にしかいないから、希少価値という意味ではシラオキ以上といってもいいぐらいで、これは鎌田さんもなかなか出したがらなかった。手に入れることができたのは親父が死んでからのことなんだけどね」（小野田宏）

コランデアガールは北九州記念のマジックキス、中山牝馬S2着のオースミシャインをはじめ、マックスハンター（3勝）、オートラディア（4勝）、ミスディファレンス（4勝）、トニージャスティ（現役3勝）などを次々と産み、良血にたがわぬ名繁殖ぶりを発揮した。九九年もラムタラの牡駒を無事出産して健在である。今では娘のオースミシャインやミスディファレンスも繁殖牝馬として牧場に戻ってきたが、今年オースミシャインにはスペシャルウィークが配合されることが決まっている。

「オースミシャインにはノーザンダンサーが入ってないのも理由の一つだけど、コランデアガールの子や孫は脚の短い、地低い体型の馬が出ることが多いから、スペシャルウィークとは体型的にも合うんじゃないかと思ってね」（小野田宏）

レディーシラオキ

話が一気に現代へと飛んでしまったので、ここらで七〇年代に戻ることにしよう。

ミスアシヤガワの娘をようやく手に入れた正治だが、その牝馬がターフを駆ける姿を目にすることなく、七八年に五十二歳で急逝する。不動産業は長男の芳雄が継ぎ、牧場のほうは次男の健治が社長、三男の宏がゼネラルマネージャーという体制になった。

十年前には隣接した土地にトレーニングセンターを開場し、一周一〇〇〇mのダートコースと八〇〇mの屋内馬場を設けて育成も手がけるようになる。

現在従業員は四十人以上、トレセンは他所からの預託馬も含めて三厩舎（約六十頭）がほぼ埋まっている状態だ。

ミスアシヤガワの娘はレディーシラオキと名づけられ、栗東・佐藤勇厩舎へ入厩する。順調に調教を積まれて4歳の一月にデビュー。芝一四〇〇mの新馬戦を先行して3着に粘った。

以後7歳までほとんど休むことなく走り続け、通算58戦4勝、2着8回、3着10回の成績を残して引退している。

中距離特別（四〇〇万下、阪神芝二〇〇〇）で3勝目をあげた6歳暮れ当時の『競馬四季報』には、「年間を通してコンスタントに活躍」「ほとんどのレースで見せ場を作ってみせる超堅実派」とある。小野田宏によれば

「まだ今ほど牝馬限定戦が多くない時代に、牡馬に混じって4勝をあげたわけだからね。能力は高かった。タイプとしては、セントクレスピンの子らしい典型的なステイヤーというほどでもなくて、一八〇〇～二〇〇〇mぐらいがベストの中距離馬だったね」（宏）

7歳で繁殖入りしたレディーシラオキは、初年度はパーソロンを種付けされるも不受胎に終わる。二年目にナイスダンサーを付けて生まれたのがファーストラブで、南関東で4勝をあげた後繁殖入りし、ここまでメモリアルガイ（3勝）、メロウキス（3勝）、ノボリユキオー（2勝）などを産んでいる。ファーストラブ2000年の3歳産駒はサンデーサイレンスの牡。スペシャルウィークと似た配合になるだけに、デビュー前から注目を集めている。

「牝系がいいのはもちろんだけど、そうやって牧場にやってきた経緯もあったからね。レディーシラオキにはできるだけいい種馬を付けてきたつもり。この牝系はできるだけ大事にしよう、残していこうということになったら、牝馬が生まれてもいいように一流の種馬を付けるのが、昔からのうちの方針だからね」（小野田宏）

その後も、レディーシラオキにはノーザンテースト、マルゼンスキー、リアルシャダイ、ブレイヴェストローマン、ミスターシービーなど、当時のトップクラスの種牡馬が毎年配合されてきた。筆者はちょうどその頃、日高大洋に従業員として二年間ほどお世話になったのだが、何頭もいたセントクレスピン牝馬の中で、なぜレディーシラオキだけがこれほど種馬に恵まれるのか、当時は不思議に思ったものだ。

しかし種牡馬に恵まれたわりには、レディーシラオキの産駒の競走成績はパッとしなかった。二十歳となった九八年はサクラユタカオーを種付けされるも不受胎に終わり、後継牝馬が二頭できたこともあって、浦河の秋場牧場へトレードされることになる。

行き先が秋場牧場に決まったのには理由があった。ここの場主の秋場清隆は、レディーシラオキとはデビュー前からの付き合いなのである。

「高校を卒業して新冠の育成公社に入って、最初に乗ったのが当時3歳だったレディーシラオキなんだよね。当然ながら乗り手としては初心者だったんだけど、レディーは賢い馬でね。そんな素人相手でもうまく乗せてくれた。とにかく最初に跨った馬だから、競馬場に行ってからもずっと気にかけていたんだ」(秋場)

育成牧場における乗り手と馬との関係は、無事に競馬場へ送り出した時点で終わりというのが普通である。

しかし秋場とレディーシラオキはそうではなかった。秋場はこの育成公社時代に、同僚だった靏野《つるの》俊秀と知り合い親交を深める。
その後秋場は家業を継ぐため実家に戻ったが、一方の靏野は日高大洋牧場へと移った。
そして互いに連絡を取り合ううちに、レディーシラオキが日高大洋牧場に繁殖として戻ってきていることを秋場は知ったのである。
「靏さんを通じて小野田マネージャーとも懇意になってね。だから日高大洋さんには、もしレディーシラオキを出すようなことになったら、その時はまずうちに声をかけてほしいって言ってたんだ」（秋場）
レディーシラオキが秋場牧場にやってきたのは二十歳の秋。すでに高齢で体も弱ってきており、秋場も色々と気を使うことが多かった。
「モノ食うのもけっこう大変そうでね。飼い葉もレディーだけは特別メニューだった。まあそれでも、なんとか子供を取れればって思ってたんだけど……。最初はハートトレイクを付けたけどダメで、七回目にシアトルダンサーをやっと受胎した。でもまあ年も年だし、子宮のほうの調子ももう一つだったのかね。二月頃にどうもお腹が大きくなってこないんで獣医さんに診てもらったら、残念なことに流産してたんだよね」（秋場）
その後、秋場牧場には上がり馬（現役を引退した馬）が繁殖として戻ってくることになり、馬房数の関係から、レディーシラオキは門別の倉富上山牧場へ移ることになった。

「育成公社で出会った時から数えると、かれこれ二十年の付き合いになるのかな。考えてみれば不思議な縁というかね。最初に乗った馬からスペシャルウィークみたいな名馬が出たことは嬉しいし、結局子供は取れなかったけど、レディーの面倒を一年でも見ることができたのは幸せだったと思うしね。そこは日高大洋さんに感謝してます。まあだから、こうやって話してると、ついつい浪花節入っちゃう（笑）。今は宇田さんとこにいるけど、なんとか元気な子を産んで、無事に余生を過ごしてもらいたいね」（秋場）

そんなわけで、レディーシラオキは現在、門別の倉富上山牧場に繋養されている。

所有者は宇田昌隆。門別でスイングフィールド牧場という育成牧場を経営されている方だが、八年前、筆者が日高大洋牧場の従業員だった頃の上司でもある。当時は牡馬の育成厩舎の厩舎長だった。レディーシラオキの産駒たちを競走馬として育て上げ、競馬場に送り出してきた人である。

「秋場さんとは、日高大洋にいた時に靍さんを通じて知り合ったのが最初で、その後秋場さんとこにレディーがいることや、種付けしてもなかなか止まらない（受胎しない）って話も聞いてたし、牧場から出すようなことになったら声かけてとは言ってあったんだよね。

で、シアトルダンサーが止まったって聞いて、良かったねって言ってたんだ」(宇田)
なった。

しかし前述したようにレディーシラオキは流産し、宇田のもとへトレードされることに

「止まるかどうかは賭けだったけど、とにかく一年何か付けてみようと思ってね。子供取れても一つだろうって覚悟はできていたし、上山牧場さんもそこらへんは理解してくれたしね。そこでスペシャルウィークの配合を意識したというか、相手に面白いなと思ったのがロイヤルタッチだったってわけ」(宇田)

ロイヤルタッチは父がサンデーサイレンスで、母の父がマルゼンスキーと、ここまでがスペシャルウィークと同じ配合である。

つまりレディーシラオキにロイヤルタッチを配合すると、生まれてくる子は血量の違いこそあれ、サンデーサイレンス、マルゼンスキー、レディーシラオキと、血脈構成はスペシャルウィークとソックリな配合になるわけだ。

「ただ、付けてみるとやっぱり止まらない。こりゃダメかなと思ってたら、五回目で運よく受胎したんだよね。まあ上山さんの腕も良かったんじゃないかな。できたら、今年はタイキフォーチュンを付けようかなって思ってる」(宇田)

昨年はレディーシラオキを管理しながら、スペシャルウィークを応援する毎日だったという。

「とにかく強かったね。凄いとしかいいようがない。馬を見ると薄っぺらくて、虚弱なようにも見えるけど、完歩が大きいから追い出した時の迫力は凄いもんね。ジャパンCの直線なんか、テレビで見てて思わず声が出たもの（笑）。サンデーサイレンスの後継として？　俺はやっぱり一番じゃないかって思ってるけどね。ほら、エイシンサンディが地味なところだけど頑張っているじゃない。ああいう、母系が日本的なサンデー産駒のほうが、種牡馬としてはいいんじゃないかって気もするしね。成功すると思うけどな」（宇田）

ステイヤー血脈

話はレディーシラオキが競走生活を終え、牧場へ戻ってきた頃へ遡る。

牧場を受け継いだばかりの宏が悩まされたのは、繁殖として戻ってくる牝馬たちがどれもこれもセントクレスピンの産駒だったことだ。

前述したように、正治がセントクレスピンの種付け株を六つも持っており、それを買ってきた良血牝馬に片っ端から付けていたからである。筆者がお世話になった一九九〇〜九一年当時を思い起こしてみても、レディーシラオキをはじめとして、セントオカメ、セントオープン、セントダッシュ、セントフォード、タイヨウバレリーナと、六頭のセントクレスピン牝馬が繋養されていた。

まだ繁殖牝馬が全部で二十頭ぐらいだった頃の話である。

「セントクレスピン牝馬の子は、細身で胴の長いステイヤー体型で、総じてスピードが足りなかったね。それと気性の難しい馬が多かった。レディーシラオキにしても七歳まで数多く走ったこともあってか、直子の競走成績はイマイチだったね」（小野田宏）

セントクレスピンの父オリオールは大種牡馬ハイペリオンの代表産駒で、キングジョージ六世＆クインエリザベスＳの勝ち馬。

種牡馬としてもセントパディ（英ダービー、英セントレジャー）やオーレリウス（英セントレジャー）などを出し、英リーディングサイアーとなった。

日本ではセントクレスピン→タイテエムのラインの他、ヴィエナ→ヴェイグリーノーブル（凱旋門賞などに勝った欧年度代表馬。ゲイメセン、エンペリーなどの父、マヤノトップガン、チョウカイキャロル、エリモシックの母の母の父、メジロパーマーの母の父の父、ナリタタイシンの父の母の父）、オーロイ（カブトシローの父）などを通じてなじみがある。気難しいがスタミナと成長力に富むステイヤー血脈だ。

このオリオールという血を理解していただくには、オリオール4×5のクロスを持っていたメジロパーマーが格好の例となる。

逃げが型にはまるととてつもないスタミナを発揮する反面、少しでも揉まれるとアッサリ馬群に沈んでしまう気性的な難しさ。

5歳時には一旦障害入りしたように頭打ちかと思わせておきながら、6歳になって急成長し、宝塚・有馬の両グランプリを制した晩成さ。パーマーには気性難、スタミナ、成長力と、良くも悪くもオリオールの持ち味が全て表現されていた。

セントクレスピンもこうしたオリオール系の特徴を子孫に伝えた。

代表産駒のエリモジョージは〝気まぐれジョージ〟と揶揄されたように、とにかくいつ走るか分からないが、気が乗った時はとてつもない強さを発揮する逃げ馬だった。

5歳時に急に力をつけて天皇賞に勝ち、7歳になってから宝塚記念を逃げ切ったあたりメジロパーマーと似たところもある蹄跡で、そうした成長力もこの父系譲りだろう。

セントクレスピンを母の父に持つ種牡馬マグニテュードも、ミホノブルボン（ダービー、皐月賞）やエルプス（桜花賞）といった個性的な逃げ馬を出しているし、マサラッキやユウトウセイのような晩成タイプを出している。

スペシャルウィークには特に気性的な難しさは見られないが、どこかひ弱さが残っていた4歳時のレースぶりに比べて、5歳時は明らかに一皮剥けたという強さを発揮した。

このあたりはセントクレスピンの晩成ステイヤーの血が、古馬になって騒いできたからとも考えられよう。

「スタミナがある」「古馬になって成長する」というセールスポイントは、「スピードがない」「仕上がりが遅い」という欠点と表裏一体である。

それに加えて父系特有の気性難。ズブくて気難しいセントクレスピンの肌から、どうやって走る馬を出すか。悩んだ末に出た結論は、「そうした欠点を補うには、馬格が素晴らしくて、現役時代に抜群のスピードを誇ったマルゼンスキーを積極的に配合していこう」(小野田宏)というものだった。

当時マルゼンスキーの種付け株を三つほど所有していたこともあり、セントクレスピン牝馬たちは次々とマルゼンスキーと交配される。

そこには当然レディーシラオキも含まれていた。

「当時はマルゼンスキーを付けた時に限って、なぜか牝ばかり生まれてね。また今年もマルゼンスキーの子は牝かって嘆いてたんだけど、結果的には良かったっていうか、今ではこうしてマルゼンスキーの肌が大成功しているからね。ブルードメアサイアーの順位ではノーザンテーストに次いでずっと2位だしね。たしかにノーザンテーストの肌も優秀なんだけど、クラシックディスタンスの大物ってことでいえばむしろマルゼンスキーのほうが上だろうし、かといって決してスピードがないわけじゃなくて、プリモディーネのような強いマイラーも出てるからね」（小野田宏）

ウイニングチケット、ライスシャワー、メジロブライトの母の父となるなど、マルゼンスキーの母の父としての優秀さは今さら語るまでもない。

スペシャルウィークの成功もこのマルゼンスキーを抜きにしては語れないだろう。

ただ、セントクレスピンの名誉のために付け加えておくと、母の父の代では気難しくスピード不足という欠点が表出しやすい面はたしかにあっただろうが、そこへマルゼンスキー、サンデーサイレンスと優れたスピードを重ねることでスペシャルウィークが出たように、代を経るに連れて活躍馬が出てきているという事実もまた見逃せない。

母の父にセントクレスピンを持つ主な活躍馬……マチカネワラウカド（東海菊花賞、東海ウインターS）、キングハイセイコー（東京ダービー）、グリンモリー（新潟三歳S）、アエロプラーヌ（東京王冠賞）など。

母の母の父にセントクレスピンを持つ活躍馬……スペシャルウィーク、ダイナカーペンター（阪神大賞典）、エアマジック（毎日杯2着）、ポットリチャード（ラジオたんぱ賞四歳S2着）など。

母の母の母の父にセントクレスピンを持つ活躍馬……シンコウラブリイ（マイルCS）、フラワーパーク（スプリンターズS、高松宮杯）、タイキエルドラド（アルゼンチン共和国杯）、タイキマーシャル（エプソムC）など。

このように、優れたスピードを二世代、三世代と重ねてやれば、現代のスピード競馬にも対応でき、しかもオリオール系譲りのスタミナや成長力を兼備した馬が出ることがお分かりいただけるだろう。「気難しくてズブい」から「スピードに奥行きを与える」血脈へ。母系の奥で熟成すればするほど味わい深くなる血なのだ。

キャンペンガール

そうしてマルゼンスキーの種を受胎したレディーシラオキは、翌年鹿毛の牝馬を産む。後にスペシャルウィークの母となるこの牝馬は、キャンペンガールと名づけられた。マルゼンスキーの産駒らしく480kgの馬格を誇ったキャンペンガールは、大きな期待とともに栗東の名門・小林稔厩舎へ入厩。デビューが楽しみに待たれたが、ある日大きなアクシデントが発生する。

「キャンペンガールはとにかく気性の激しい馬でね。トレセンの洗い場で暴れて、転んだ時に腰をぶつけてしまった」(小野田宏)

その時の故障がもとで、結局未出走のまま4歳で引退し、キャンペンガールは牧場へ戻ってきた。競走馬としては残念な結果に終わったものの、血統はもちろん、その馬っぷりの良さから、期待されての繁殖入りだったことは言うまでもない。

しかしここでも一つ問題が生じた。その気性の激しさが災いして競走馬になれなかったキャンペンガールだが、産駒もまた同様の気性難を抱えていたのである。

初年度産駒はパドスールの牡だった。「とにかく気性が悪くて、育成時代から苦労が絶えなかった。競馬場へ行ってからもその気性は相変わらずで、とうとう去勢手術されたんだけど、結局競走馬としてはモノにならなかった」(小野田宏)

二年目の産駒はオグリキャップの牡。「オグリキャップの初年度産駒だから期待していたし、馬そのものも良かったんだけど、これもうるさい気性だった。結局放牧中の事故で

骨折してしまい、競走馬になれなかったね」(小野田宏)

三年目はヘクタープロテクターの牝。オースミキャンディと名づけられ、栗東・白井寿昭厩舎に入厩したが、「これも気性が悪くて、ゲート試験になかなか通らない」(霍野)

それでも兄たちとは違ってデビューに漕ぎ着けると、非凡な能力を垣間見せる。出走したのは7戦のみだが、2勝、2着2回の成績を残した。

「2勝目をあげた後も、この勝ちっぷりならもう一つは勝てそうだって言ってたぐらいでね。結局その後故障して引退しちゃったけど、無事ならもっと活躍できたと思うよ」(霍野)

四年目にはサクラユタカオーの牝を産んだキャンペンガールだが、「これがまた兄姉以上に気性の激しい馬で、やっぱり競走馬にならなかった。繁殖に欲しいという人もいたらしいけど、あまりにも気性が悪くて結局あきらめたらしい」(霍野)

そんなわけで、小野田や霍野の頭の中には「キャンペンガールの子=気性が悪い」というイメージが定着していったのである。

「だからキャンペンガールにサンデー付けるって聞いた時は、これはとんでもなくうるさい馬が生まれてくるぞって、最初に思ったのはまずそれだよね」(霍野)

サンデーサイレンスは言わずと知れた名種牡馬で、九九年も年間勝ち鞍記録や年間最多重賞勝ち鞍記録を塗り替え、2位以下を大差でぶっちぎって五年連続のリーディングサイアーに輝いている。

産駒は鋭く斬れる末脚と勝負根性を身上とするが、同時に気性が激しいことでも知られる。それで鶴野氏は上記のような不安を抱いたわけだが、これについては小野田宏も「たしかに賭けだった」と言う。

いくら名牝シラオキの血を引くとはいえ、直子の成績は地味だったレディーシラオキの娘で、これまでの産駒はどれもこれも気性難。

そんなキャンペンガールに、超人気種牡馬のサンデーサイレンスを付けるというのだから、たしかに「賭けだった」はずだ。

正治が執着したレディーシラオキの血に、気性が悪い、スピードがないと悩まされながらも、宏はその時代のトップサイアーを辛抱強く配合してきた。

父が遺した頑固なスタミナ血脈に、息子がオールラウンドなスピードを注入することで、名馬スペシャルウィークは誕生したのである。

そうした気性面での懸念があったとはいえ、サンデーサイレンスの種を無事受胎したとなれば、不安を期待が上回って当然であろう。

しかしここで新たな問題が発生する。

出産予定日の三カ月前あたりから、キャンペンガールが頻繁に疝痛を起こしはじめたのだ。

「病名としては腸炎じゃないか。腸の一部が壊死してたとか、そういう状態だと思う」（小野田宏）

毛は抜け、見る見るうちに痩せ細っていくキャンペンガールに、大豆を磨り潰したり、青草を細かく切ってやったりしながら、何とか出産日までもってくれと願う日々が続く。しかし懸命の努力にもかかわらず、容態は悪化する一方だった。そして予定日を目前に控えた一九九五年五月二日、キャンペンガールはまた腹痛を起こす。

「獣医さんとも相談して、これがもう最後だ、今薬で出すしかないだろうってことになって」（小野田宏）

薬を使って何とか出産に漕ぎ着けたが、キャンペンガールはその場で息を引き取ってしまう。

生まれた子馬はすぐに隣の馬房へ移され、ばんえい競馬用の乳母馬が付けられた。スペシャルウィークは母の顔を見ることなく、大きな乳母によって育てられたのである。

当歳から2歳にかけてのスペシャルウィークについて、2歳厩舎の厩舎長の靍野氏はこう語っている。

「『乳母に育てられて、サンデー産駒にしては人懐っこい、大人しい馬だった』ってよく書いてあるんだけど、それは上と比べてのイメージっていうか、思ってたほどはうるさくないなっていう意味でね。大人しいっていうほどの馬ではなかった。十分ヤンチャだったよ（笑）」

高い素質の片鱗

しかし、トレセンに小野田宏によれば、移って乗り込まれるようになると、スペシャルウィークは随所に頭の良さを見せ始める。

「放牧の際も、普通の馬なら騒ぐところを、スペシャルは自分の番が来るまで、馬房の中でじっと待っていた。馬場で乗るようになっても、乗り手の指示通りに動くしね。行けって行ったら行くし、20―20で回ってこいって言ったら、ちゃんとその通りに回ってくるし。その辺はマジックキスなんかとは全然違った。マジックキスは牧場にいた頃からあんな気

性で、全く併せ馬ができなかったからね」（小野田宏）
そして調教が進むに連れて、高い素質の片鱗を垣間見せるのだった。
「そんなに強く追ってないのに、案外速い時計が出る。大跳びで、見た目よりスピードが出てるんだよね。体は柔かいし、これはひょっとして重賞は勝てるんじゃないか、クラシックに乗れるんじゃないかと、そういう期待が膨らんでいった」（小野田宏）
当時ずっと調教をつけていたニュージーランド人の女性も「いい馬だ」と期待していたらしい。
「日本のダービーに勝ったと知らせてあげたら喜んでた。今は向こうの牧場で働いているらしいよ」（小野田宏）
その後、栗東へ入る前に坂路調教を経験させようとのことで、ノーザンファームで二カ月間乗り込まれたスペシャルウィークは、3歳の七月に栗東・白井厩舎へ入厩する。
「白井先生はデビューが近づくと、長めを追ってみて、その時計を見てだいたいの能力をはかるんだけど、そこで思ったより遥かに速い時計が出た。それで『この馬はちょっとモノが違う』ってことになったらしいね」（小野田宏）
追い切りに跨った武豊騎手が、

「乗った感じがダンスインザダークに似ている。この馬でダービーを獲りたい」と宣言。また白井師は自らが管理したダンスパートナーに似ていると表現したが、実はこの姉弟とスペシャルウィークは、配合のアウトラインが非常によく似ているのである。

具体的に言うと、ニジンスキー、トムフール、プリンスキロ、ハイペリオンなど、母系に入る血に極めて共通点が多いのだ。それを知っていただけに、新聞や雑誌等で武騎手のコメントを目にした時は、ちょっとした興奮を覚えたものだった。

そして、デビューを目前に控えた十一月のある日、白井師から日高大洋牧場に連絡が入る。

「モノが違うから、デビュー戦を見に競馬場へ来いって言うんだけど、白井先生がそんなことを言うのは珍しい」（小野田宏）

阪神競馬場へ駆けつけた健治と宏が見守る中、スペシャルウィークは期待通りにデビュー戦を圧勝する。

好位から堂々と抜け出した勝ちっぷりは、来春へ大きく夢が広がるものだった。

年が明けるとスペシャルウィークは、4歳五〇〇万下の白梅賞へ出走。手堅く2勝目を狙っての出走だったが、東海公営から挑んできた伏兵アサヒクリークにインを強襲され、痛恨のハナ差負けを喫してしまった。

除外ラッシュの正月競馬でローテを組むのが難しく、他のレースも睨んでの仕上げだったようだが、いずれにしてもここで2勝目をあげて共同通信杯四歳Sへ、という青写真は白紙となった。

「2戦目でコロッと負けちゃって、これでローテが狂うのは痛いなと思ったけど、まあ怪我の功名というか、共同通信杯が雪でダート変更になったからね。こっちはきさらぎ賞→弥生賞という王道を歩めたから、後から考えるとかえって良かったかもしれない」（小野田宏）

九八年の日高大洋牧場には、スペシャルウィークのダービー制覇以外にも忘れられない大きな出来事があった。

十二月十五日の深夜、突然の大火災が日高大洋牧場を襲う。被害に遭ったのは繁殖牝馬の厩舎。当時そこには四十三頭の繁殖牝馬のうちの二十頭が繋養されており、うち十九頭が焼死するという惨事となった。

焼死した馬の中には、サンデーサイレンスを受胎したマルゼンスキー牝馬ツジノチドリや、アッツナイザクラの孫でアラブ三冠馬タイヨウペガサスを産んだヒダカトップレディ、南関東の桜花賞・オークス馬ホワイトアリーナ、そしてキャンペンガールの唯一の後継オースミキャンディもいた。

今もって出火の原因はよく分からないままだが、いずれにしても被害額は相当である。ただ一頭、メジロウェイデンだけが奇跡的に厩舎からの脱出に成功し、近くの林で発見された。煙で肺や気管支をやられていたが、命には別状はない。これがせめてもの救いだった。

そんな中、直前追い切りに跨ったペリエが「レイジー（ズブい）」と泣きを入れ、動きが今一息という記事がスポーツ紙面を賑わしたものの、スペシャルウィークは年明け初戦のＡＪＣ杯を快勝する。これには宏をはじめ、牧場従業員全員が勇気づけられたという。

そして五月には、大火災の唯一の生き残りメジロウェイデンが、スタッフの努力の甲斐あって、無事クリスタルグリッターズの牝を出産した。

今年中には焼跡に新厩舎が建てられる予定で、それから徐々に繁殖牝馬も元の数に戻していくとのことだ。

最近の日高大洋牧場は、シラオキ系やコランデアガール系に続く第三、第四の柱を確立すべく、積極的に新しい血の導入をはかっている。

「うちで育ててきたシラオキやコランディアの牝系は、今後もなるべくいいものを付けて残していこうと思ってる。ただ、その一方で新たな血を導入するとなると、今の時代は外国で繁殖を買うほうがいい。日本だと牝系は筋が通っていても、ちょっと質が落ちる種牡馬がかかってたりもするからね。いずれにしても淘汰の世界だから、まずいいものを残すっていうのが基本としてはあるんだけどね」（小野田宏）

最近海外から導入された繁殖牝馬には、ダンスパートナーやダンスインザダークの近親スラボンスカ、輸入種牡馬エンドスウィープの全姉スウィーピングス、輸入種牡馬カコイーシーズの近親カフェテラス、英GⅠ勝ち馬マジックオブライフの産駒フロムビヨンドなどがいる。いずれも筋の通った牝系ばかりで、中には相当値段の張ったものもあったらしい。ここらは正治譲りの名牝系好きの血が、宏にも流れている証拠だろう。

今年一月のキーンランドのセリでは、フラワーCに勝ったサヤカの全妹や、シアトリカル産駒のGⅢ勝ち馬などを繁殖牝馬として購買したとのこと。

「サヤカの全妹は高値で売買されたらしいけど、肩をぶつけて競走馬としてはモノにならなくなった。それを繁殖として買ったわけ。まだ3歳なんで、今後様子をみて、獣医さんと相談してからになるけど、スペシャルウィークを付けてみたいと思ってる」（小野田宏）

牝馬を買う時には、スペシャルウィークの相手にどうかなどと考えたりしますか？と宏に聞くと、

「それはやっぱり考えるよ。ああこれならノーザンダンサーも入ってないし、スペシャルに合うかなとかね。ああいう細身の体型でもあるし、相手には比較的馬格のある牝馬を選んでいる」という答えが返ってきた。

今年は配合する種牡馬のほうも、サンデーサイレンスを五頭に、エルコンドルパサーを三頭、スペシャルウィーク三頭と、なかなか豪華なラインナップになりそうだ。

「繁殖の数が減ったぶん、一頭一頭の中身を濃くしていこうということでね」（小野田宏）

この後、しばしスペシャルウィークの現役時代を振り返っての話になったのだが、そこで出たのは関わった人々はもちろん、ライバルたちにも恵まれた競走生活だったということだ。

「とにかくレベルの高い世代だったからね。四歳時にはセイウンスカイやキングヘイロー、クラシック以外でエルコンドルパサーとグラスワンダーがいたし、古馬になってからはメジロブライトも加わってね。そういうライバルたちと何度も名勝負をやったし、しかも時々ちょこっと負けるから、今度は頑張れってことでファンの人も応援してくれたんじゃ

ないかな。有馬記念の人気投票では1位だったけど、そういうとこも人気があったんだと思う。完璧な名馬っていうのも近寄りがたいものだからね」（小野田宏）

ロイヤルタッチを受胎したレディーシラオキは、無事ならこの二〇〇〇年に十一頭目の産駒を出産することになる。

その唯一の娘ファーストラブは、サンデーサイレンスとの間に生まれた3歳牡駒を競馬場へと送り出す。

そしてスペシャルウィークは、同期のエルコンドルパサーやエアジハードとともに種牡馬としての第一歩を踏み出した。サンデーサイレンスの後継種牡馬としての期待は大きく、百頭を超える繁殖牝馬が集まりそうだ。

何人もの男たちが魅了され、悩まされ、手に入れようとし、遺そうとしたレディーシラオキの血は、こうして馬産地全体に広がっていくのである。

参考文献：『書斎の競馬』「小岩井の至宝シラオキへの旅」（伊与田翔）
『日本の名馬』「コダマ」（山野浩一）

牧場編2――育成

育成担当者 プライス・ティナの困惑

取材・文／村本浩平

強い馬を作る上で最近特に注目度が高くなっている「育成」とは、いったいどんなものなのか？　そしてスペシャルウィークには、どんな「育成」が施されたのか？

一九〇〇年代におけるフランスの代表的な女性作家、シモーヌ・ド・ボーヴォワールは、こんな格言を述べていた。

「人は、女に生まれない。女になるのだ」

なら、スペシャルウィークはどうだろう?

スペシャルウィークは、決して競走馬として生まれてきたわけでは無かったと思う。こんなことを書くと、ダービー優勝、春・秋天皇賞を連覇、その上ジャパンカップでもその年の凱旋門賞馬モンジューを蹴散らし、しかも有馬記念は勝ちに等しい2着をした馬に失礼だ、という声もあるはずだ。

しかし、それを承知の上で、ボーヴォワールの言葉を拝借してこう記してみたい。

「キャンペンガールの95(キャンペンガールという繁殖牝馬が95年に生んだ馬)は、スペシャルウィークとして生まれたわけではない。スペシャルウィークになったのだ」

誕生直後の母馬の死、冷たくあしらわれた乳母、そんな子馬を愛情を持って優しく見守り続けた牧場のスタッフ。いつしか人を信じ、時には慈しむ気持ちさえ抱くようになったキャンペンガールの95は、いつしかスーパーホース、スペシャルウィークへと姿を変えた。

はたして競走馬の育成とはどのようなものなのか? スペシャルウィークの活躍の陰にあ

った、日高大洋牧場における育成調教には、何か秘密が隠されているのだろうか？

勝ち鞍の数よりも無事に使える育成馬を

北海道のみならず、日本の馬産地の中心である日高。広く太平洋を見渡せる門別町の高台に作られた日高大洋牧場の一三〇haの敷地内には、「日高大洋トレーニングセンター」という名の育成施設がある。

総馬房数は八十。一周一〇〇〇mの外馬場と、八〇〇mの屋内馬場、ウォーキングマシンなどの施設を持ち、ここからオースミポイント、マジックキス、オースミシャインといった優駿、そしてスペシャルウィークが競走馬として巣立って行った。

「元々は自分の牧場で生産した馬の育成のために始めた施設でした。それまでは民間の育成牧場に馬を預けていたのですが、事故などもあって、自分たちの思うように馬が使えなくなることもあったんです」

日高大洋牧場のゼネラルマネージャーで、牧場にいる限りトレーニングセンターに足を運ぶことを欠かさない小野田宏は、美観が整えられた牧場の事務所で、育成牧場開設に至るまでの経緯を穏やかに語り始めた。

牧場の創業は一九七〇年。途中、創業者の故小野田正治の後を、健治（社長）と宏が受け継ぎ今年創業三十年目を迎えた。トレーニングセンターの開設は今から十五年ほど前。ちょうど牧場のすぐそばに、育成に向いた広さの土地が売りに出されていたのがそのきっかけとなった。

当初、その馬房数わずか二十。

「ただ、開設後しばらくして、トレーニングした馬を持っていった調教師さんから、『もしよかったらうちの馬も預かってくれないか？』という話を受けるようになったんです」

生産馬が結果を出していたこともあるのだろうが、その評判を聞きつけた調教師の問い合わせが相次ぐようになり、需要を受け入れる形で二十から三十、五十…とみるみるうちに馬房数は増えていく。

現在は七十頭以上の馬は置かないようにしているというが、その半数近くは他の牧場からの受け入れ馬。この数字だけを見ても、どれだけ関係者に日高大洋トレーニングセンターが信頼されているかが分かる。

それにしては屋外馬場一〇〇〇ｍ、屋内馬場も八〇〇ｍだけという施設は意外かつ、少々物足りなく感じてしまえなくもない。

例えば東洋一の規模と施設を誇ると言われている浦河町のＢＴＣ（軽種馬育成調教センター）は、一五〇〇haもの敷地に、二四〇〇m、しかも直線だけのグラス馬場を始め、全長七〇〇mの屋内坂路馬場、一〇〇〇mの屋内直線馬場……など、東洋一の名に恥じないだけの施設を揃えている。

また、民間の育成場でも調教師や馬主の要望に答えて屋内馬場は勿論のこと、坂路馬場も造成するところが増えた。例えば「マイネル」「マイネ」の冠名馬を送り出してきたビッグレッドファームの真歌分場には、全長一五〇〇mという長さの国内屈指の坂路コースがある。そこで鍛えられた競走馬たちがどれほど結果を出しているかは、この春のクラシック路線における成績を見れば一目瞭然だろう。

時代の流れがこれだけ多種多様な育成調教、特に「坂路信仰」に傾いている中で、なぜ日高大洋トレーニングセンターでは坂路コースを造成しないのだろうか？　この点について小野田はこう語る。

「坂路に対してあまり重要性を感じないいんです。それに、やるとしても坂路調教は中途半端にできるものではないですから。もし、坂路を取り入れるのなら、じっくりと体力を養えるようなトレーニングをしていきたいと思います」

坂路調教といえばすぐに思い出されるのは、故戸山為夫調教師とミホノブルボンではないか。

だが、戸山調教師も坂路調教を確立し、その上ミホノブルボンという素材に辿り着くまで、数々の苦労や失敗を重ねてきたという。

実際、坂路を取り入れている民間の育成牧場でも似たような話を多く聞く。

いわば坂路調教は諸刃の剣でもあるのだ。

「その牧場によって違うでしょうが、3歳の早い時期から坂路を使って仕上げてくる考えの人もいるでしょうし、僕らみたいに生産馬と育成馬が半分半分の育成牧場とでは、育成方法も、坂路コースの必要性も違ってきます。確かにどの馬もオープンまでは行ってほしい、一つでも多く勝ってほしいという気持ちはあります。ただ、一年間その馬を無事に使えた、ということも、育成牧場として誇れることではないかと思うんですよね。それこそが、育成を手がける上で、僕らが目指していることなのかもしれません」

その小野田の言葉を、これといった休養を挟むことなく駆け抜けた、スペシャルウィークが証明しているような気がしてならない。

報告書がいらなかった「大人」の馬

日高大洋牧場では、生産から厩舎に行き着くまでの過程を三つに分けている。まずは「生産部門」。これは言わずと知れたことだろう。そして離乳から2歳の十月までの期間を「育成部門」。トレーニングセンターに入って育成調教をはじめてからが「トレーニング部門」である。

「各自、手がけた部門から次の部門に馬が移る際に報告書を書きます。例えば生産から育成に馬が移った時には、この馬はこんな性格だということや、この時期に病気をしたなどです。次に育成部門からトレーニング部門に馬が移る時にも、その報告書は渡って行きます。その過程を厩舎長や育成を担当するスタッフが目を通しながら、トレーニングをしていくわけです」

一般的に民間の育成牧場に入ってくる2歳馬達は、それぞれの生産牧場での馴致の段階が違うので、同じ育成方法を取ろうとしても、必ずと言っていいほど隔たりが出てくる。乗り運動まですぐに運べる馬もいれば、全く体を触らせない馬まで千差万別なのだ。

だが、生産と育成が一貫した牧場ならば、その隔たりはあまり目立たなくなる。しかも日高大洋牧場のように報告書にしてまとめておけば、ますますスムーズに育成調教までこぎ着けることができるだろう。

「育成時のスペシャルウィークは、その報告書に書くことがあまり無い馬でした。

これはいいことなんですよ。2歳の五月から九月まで夜間放牧を行っていたのですが、覚えていることはあまり集団を好まないクールな馬だった、ということですね。

例えば草を食べている時なども、一頭だけでポツンと食べているような感じで。別に仲間はずれにされているとか、そのようなことは無かったのですが」

サラブレッドは、集団で行動を共にするのを常とする動物である。

なのにスペシャルウィークが2歳時から示していたこの精神的な強さを、小野田は「大人」という言葉で称する。

「乳母が気性のきつい馬でした。だから他の馬と比べても、離乳までの間に絶えず人間が手をかけていたので、人間に対しての信頼がもの凄く厚いのでしょうね。人間に対して逆らったり嫌がる部分が、他の馬と比べても極めて少なかったですから」

2歳の十月から始められたトレーニング（育成）においても、キャンペンガールの95こと、スペシャルウィークは、気性の良さと「大人」な一面は変わらなかった。

競走馬の育成調教とは?

さて、一般的に育成調教と言われているものだが、日高にも様々な育成牧場があるのだが、不思議と基本とされているブレーキングに関してはどの牧場も一緒のような気がする。

「そうですね。他の部門においては枝葉をつけていかなくてはならないでしょうが、栗東にしても、美浦にしても様々な調教方法や、トレーニング方法が出てきますよね。その中から自分たちがやれる範囲と、お客さんからの要望を重ね合わせて行くわけです」

小野田の語る、枝葉の部分については後で記すとして、育成の基本とされているブレーキングについて、またその後の育成過程について、キャンペンガールの95の例を混じえながら記述してみたい。

●十月第一週　ブレーキングの開始

ブレーキングとは乗りならしの方法の一つであり、人を背中に乗せて走ることを覚えるまでの行程を指す。

その第一段階は腹帯、鞍、ハミなどの装着といった、人が馬に騎乗するための道具を馬に教え込むことから始まる。

まずは腹帯の装着。今まで受け入れたことのない、腹帯という異物感に対する不安を解消するために、まずは背中に毛布を乗せたり、腹帯を締めるにしても最初は緩く、徐々にきつく締めたりしながら馴らしていく。

胴回りに異物があっても馬自身が平気になってから鞍を乗せ、鞍に対する抵抗も無くしていく。

それからハミを覚えさせる。口にくわえさせたハミを、サイドレインという固定手綱で鞍に固定し、ハミ受けに慣れさせる。日高大洋牧場のやり方では、2歳の馬見せの頃からリングバミを使うようにしているため、ハミ受けは極めて良いという。

ハミ受けに慣れたようなら、次はロンギ場と呼ばれる円馬場で、サイドレインを腹帯を通して繋ぎ、二本のロングレインを使って引き手が円の中心で馬を回らせていくやり方（ロンジング）や、人が馬の真後ろに立ち、両手に持った長い手綱で歩かせたり停止させたり、左右の進行方向をハミを通して指示を与えるやり方（ドライビング）などを経て、約一週間から十日、ようやく人が騎乗する所まで辿り着く。

これは、あくまで育成調教の一つのパターンであり、ハミを覚えさせる前に直接人が跨がるやり方もあれば、もう少しブレーキングの期間を長めにとる育成牧場もある。あくまで一般例、という程度で止めておいてほしい。

「この馬がサンデーサイレンス産駒として初めての馬というわけではなくて、その前にマジックキスがいました。

これが癇性がきつい馬でかなり手こずったこともあって、充分に気を払い、準備万端で臨んだのですが、むしろこちらが拍子抜けするほどでしたね。

本当に何もしなかったのですから。同期に入厩した他の馬と比べても全然楽でしたね」

かえってサンデーサイレンス産駒らしくないので、心配になったと言う小野田。放牧地まで馬を連れていく際も、馬房にいる他の馬が、早く出せと言わんばかりに前かきをしたりいらついている中で、キャンペンガールの95だけは、人間が来るまでじっと待っていたという。

「サンデー産駒としてもそうですが、兄姉と比べても雲泥の差でしたね。兄姉は（気性）悪くて仕方のない馬ばかりでしたから。初子のパドスール産駒も騸馬になってますし」

この兄姉の気性の激しさは、母親から受け継がれたものだった。

能力こそ高かったものの、気の悪さによる事故で競走生活を断念した母、キャンペンガール。

姉に当たるオースミキャンディに至る頃には、少しずつ産駒の気性面に関する問題は解決されていったが、それにしても父母共に気性が激しい配合でこの素直な子が出るとは。
小野田たちがいぶかしがるのも不思議ではないだろう。

●十月二週〜　乗り運動開始

ブレーキングを終えた馬から乗り運動が始められる。

日高大洋牧場の育成馬における初期のメニューは並足二〇〇〇m。ダク（速足）一〇〇〇mである。

そしてキャンター（駆け足）をメニューの中に入れ始めて十一月、外馬場が凍り付く頃になると乗り運動の場所は屋内馬場へと移る。

「一月いっぱい辺りまでは体力作りですね。速いところはいっさいやりません」

二月あたりから屋外馬場に向けて距離を伸ばしはじめ、タイムも速めていく。

「調教師さんや馬主さんの意向でその時期を早めたりすることもありますが、基本的には3歳の九月から十月に入厩できるようなメニューを作っています」

雪が解けた三月からは再度屋外馬場での調教。キャンターが中心の調教へと進んでいく。

「乗り味の感想ですか？　乗っている反動がもの凄く柔らかい馬だと乗り役が話してましたね。でも、見た感じは不思議とスピードを感じさせない。例えば、今日は15―15で行ってくれ、と話しているのに、遅く見えたので乗り役に注意したことがあるんです。でも、時計を見たら14秒台。厩舎に入ってからの調教VTRなんかも同じように見えますよね」

この時、キャンペンガールの95に騎乗していたのは、プライス・ティナというニュージーランドからやって来た女性だった。

「気性の問題を考えて、鞍上でのあたりが柔らかい女性に任せてみることにしたんです」

だが、小野田の意図では計り知れないことが起こりつつあった。

キャンペンガールの95のことをすっかり気に入ってしまったティナが、この馬を手放そうとはしなくなってしまったのだ。しかもそれだけではない。

「朝と夕方、馬房に手入れをしに入るのですが、他のスタッフが十分で終わる所を、スペシャルウィークの馬房に入ったときだけ、最低で三十分もかけるようになったのです。いくら注意してもそれは直りませんでした」

ティナがスペシャルウィークを気に入ったわけは、能力の高さだけではないだろう。

気性の良さは調教時にもあらわれていて、速く行くときはいくらでも速く、長めをゆっくりと踏んでいくときにも鞍上を手こずらせることは無かったという。ティナが恋人のように惚れ込んだキャンペンガールの95。だが、別れは突然やってくる。

●六月　ノーザンファーム空港牧場へ入厩

「厩舎に送り届ける九月までは、自分でできると思っていたんでしょうね。でも、どうしてもデビュー前に坂路調教をさせてみたいという白井寿昭先生の意向で、キャンペンガールの95を先生の息子さんのいるノーザンファーム空港牧場へ移すことになったのです」

それを聞いたティナは、「この馬を持っていかないで！」と小野田に訴えかけてきたという。

「『厩舎に行くなら仕方が無い、でも、他の育成牧場に行くのなら調教師や馬主さんを説得してほしい』と涙を流していました。僕は、この馬を更に強くするためなんだ、と話して、やっと分かってもらえたんです」

その後、ニュージーランドに帰国したティナ。だが、この馬の活躍を他の誰よりも喜んでいたのは、紛れもなくキャンペンガールの95の恋人だったティナではないだろうか。

ノーザンファーム空港でのキャンペンガールの95の様子は、白井調教師の息子秀幸から、逐一情報が小野田の元へ届けられていた。

「この馬はモノが違う、と話していました。同じ時期に空港牧場ではグラスワンダーなども育成されていたのですが、この馬たちと比べても、全くひけはとらない馬だと」

●九月　栗東入厩

白井厩舎に入厩したキャンペンガールの95は、この時には正式にスペシャルウィークという名で呼ばれていた。

「先生もこの馬にかなりいれこんでいるようでした。白井厩舎では3歳のデビュー前に、ゲートから長めを追い切る調教をするのですが、5ハロンで110秒切れば勝ち負けになる所を、この馬は101～2秒の時計で上がってきたらしいのです。普段、新馬戦を見に来いとは言わない先生が電話をしてきました」

ダービーまで行ける馬。白井調教師はそこではっきりと断言したという。

確かに牧場にいた同期の中ではずば抜けていた馬ではある。

ただ、小野田の正直な感想はそれとは違っていた。

「重賞の一つは勝てる馬だな、とは思っていました。ただその後、GⅠで1番人気になって、ダービーを勝つ馬になるとは、その時にはとても思わなかったです」

ホースマンと呼ばれる誰もが、生産馬、もしくは担当馬の活躍を願ってその馬に接することだろう。

ただ、目標に辿りつくまで、そしてその願い通りに活躍をみせてくれる馬は、その中のほんの数頭、しかもダービー馬と呼ばれる馬は一年に一頭だけしかいない。

「造る、のではなく、キャンペンガールの95という一頭の馬を、スペシャルウィークとして無事に送りだしてきただけです。競馬場に送り出す最終段階の所まで辿り着いたわけですから、ここでしくじってしまったら何にもならない。

この馬が生まれてから何事もなく、出走にこぎ着ける事ができて、無事に今まで走ってくれた。

その手伝いをできたのが嬉しい。それはこの馬に限らず、全ての生産、育成馬に対しての思いですが」

小野田は、この取材の中で初めて微笑んだ。

三年後に夢を託して

もし、スペシャルウィークと同じ能力を持った馬が牧場にあらわれたとしても、今と全く同じ事をしていきたいと小野田は話す。あれ以上のトレーニングをしたら、まだ活躍できただろうということは全く考えていないとも。

「今年、牧場の牝馬でスペシャルウィークの配合を考えているのは三頭です。この産駒にかける期待はもの凄く大きいでしょうね。スタッフは尚更ではないでしょうか。今からこの馬の子を手がけられることが、みんな楽しみでならないようです」

事務所の中に貼られた一枚の張り紙。そこにはこのような言葉が書かれている。

〈新たな出発と挑戦　スペシャルウィークに負けないように〉

もう、日高大洋牧場の次なる挑戦は始まっている。三年後、スペシャルウィークの血を引く馬たちが続々とデビューを重ねていくことだろう。

その中でも小野田を初めとするスタッフの愛情と向上心が存分に注ぎ込まれた、日高大洋トレーニングセンター出身のスペシャルウィーク二世たちの姿が、心から待ち遠しくなった。

■調教編2■

調教助手 村田浩行の満足

取材・文／旭堂南太平洋

飼葉付けから乗り運動まで、スペシャルウィークの厩舎生活で最も身近にいた寡黙な男が語る、「唯一、完璧な仕上げで出走できたレース」とは？

寡黙

スペシャルウィークの持ち乗り調教助手・村田浩行は、僕と同じ昭和四十八年生まれの二十六歳。といっても、為人《ひととなり》は全く違う。

村田と僕の一番大きく異なる点は、まず、口の回転数だ。僕は講釈師だから、しゃべるのが商売である。一日のうち目があいている時のほとんどは、「ピーチクパーチク」何かしら話をしている。一方、村田は、寡黙な男だ。無駄な話は一切しない。

随分と前に、僕はこの寡黙な男を一度取材した事があった。まだ、ダンスパートナーの現役時代、プラザエクウス梅田の〝エリザベス女王杯フェア〞で、競馬講釈「ダンスパートナー物語」の依頼を受けて、白井厩舎へと足を運んだ時のことである。初めての厩舎を訪れるのは、ちょっと勇気がいる。特に、僕のような「顔も名前も見た事がない」奴は、不審がられる。恐る恐る洗い場までいくと、調教が終わって汗を流している馬が三頭いた。各々の厩務員達も、愛馬の手入れに余念がない。

僕は、足を止めてしばらくその様子に目をやった。何も厩務員の仕事を邪魔してはいけない、と気を利かせたのではない。大抵、僕が取材に行くと、

「あんた誰や?」

と聞かれる。その度に、

「私、競馬講釈といいまして、数々の競馬馬を題材にしてネタを作り、それを読んでおります。ええ、世界で唯一人の競馬をネタにしている講釈師、競馬講釈師の旭堂南太平洋と申します」

と答えてきた。しかし、競馬講釈を始めて五年が経つというのに、いちいち、こんな長たらしい自己紹介をするのも、めんどくさい。今度、「あんた誰や？」と聞かれたら、胸張って、

「俺を知らんの？　俺が、世界で唯一人の競馬講釈師、旭堂南太平洋や！」

と言おうと、常々、心に誓ってきた。この時も、ただ、ボーッと突っ立ってたわけでなく、手にしている週刊競馬ブックで鼻から下を隠して、小っちゃな声で、

「俺を知らんの？　俺が、世界で唯一人の競馬講釈師、旭堂南太平洋や」

何度となく呟いて、稽古を重ねた。「よしッ」気合いを入れて、一人の厩務員に尋ねる、

「あのぉ〜」

「おおぅ、なんや兄ちゃん。見慣れん顔やな。新入りか？　どこの新聞や」

予想した通りの言葉が返ってきた。僕は勿論、胸を張って、

「俺を知らんの？　俺が、世界で唯一人の……」

と言うた……ろうと思っていたのに、口から出たのは、

「あ、いや、新聞やなくて、私、競馬講釈といいましてね、競馬馬を題材にしている、世界で唯一人の競馬講釈師、旭堂南太平洋と申します」

いつもながらの長たらしい自己紹介。挙句、懐から名刺を出して、

「また覚えといてやって下さい。大レース勝たれた時には、ぜひ、祝勝会で愛馬の物語を一席」

営業までしている。

「ところで、村田さんに、お話をお伺いしたいのですが……」

「村田か？　おーい、村田ァ。旭堂山さんが、お前に話を聞きたいって、来てはるゾ」

「すいません。旭堂山やないんです。旭堂だけですんで、山付けたら、ドスコイ相撲取りになってしまいます」

「アァ、すまん。あそこで、寝ワラ掃除してんのが村田や」

村田は黙々と、寝ワラの掃除をしていた。僕が近づいて、再び、長たらしい自己紹介をするが、僕の方へ一向に目をくれない。腰をかがめてひたすらに寝ワラを掻く手が止む事

はなかった。

（この人、俺の話聞いてんのかな？）

不安になった僕は、日頃鍛えた声を、ここぞとばかりに披露した。

「ダンスパートナーのお話をお伺いしたいんですが！」

さすがに手が止まった。村田は僕をチラッと見て、

「いいですよ」

ボソリと言うと、また、黙々と寝ワラを掻き始めた。その姿を見ながら僕は、週刊競馬ブックで口を隠し、

「愛想のない奴やなァ〜」

と呟く。僕が週刊競馬ブックに言った言葉が外へ洩れると、きっと僕はこの社会では、仕事ができなくなってしまうだろう。それくらいの事を、雑誌に隠れて言っている。雑誌は僕にとって、トレセン内での必需品である。

五分ほどして仕事が終わり、ようやく取材を開始。

「オークスは、ある程度、勝てると思ってはったんですか？」

「いいえ」

「……でも、勝った時は飛び上がるほど嬉しかったんちゃいます？」

「……嬉しかったですよ」

「ハハハッ、そらそうですよネ。GⅠ勝って、〝俺はオークスなんて勝ちたなかったんじゃ。えーい、今晩は、ヤケ酒や〟てな人はいませんよネ？」

「……はい」

盛り上がりに欠ける会話をしながら、ダンスパートナーの馬屋へ行くと、彼女は僕を歓迎するように顔を出してきた。村田はその鼻ヅラを、ポンと軽く撫でてやると、うっすらと笑みを浮かべたのだ。僕には信じられなかった。これまで三十分近く話した中で、苦笑いすらなかった男が、馬に対して微笑んだのだ。この瞬間、僕の中で、「無愛想な男」のイメージが、「寡黙な男」へと変わっていく。少しばかり話がしやすくなった。当時、村田は調教厩務員（現在は、持ち乗り調教助手）で、ダンスパートナーの他に、もう一頭担当していた。僕はなんだか、そいつが気になってしょうがなく、

「この馬は、どなたですか？」

と、今までより、随分と軽い調子で尋ねてみた。返ってきたのは
「3歳です」

という相変わらず、ぶっきらぼうな物言いのみ。でも、僕はこの一言である程度この馬のことが理解できるような気がした。これが、サンデーサイレンスの産駒やブライアンズタイムの産駒なら、厩務員も嬉しいもんだから、喜んで、

「サンデーの3歳」「ブライアンズタイムの3歳」

という表現をする。トレセン通って六年の間に学んだ事のひとつだ。しかし、「3歳」と言っただけで、父の名を言わなかったのは、良血といわれる父を持たないからだ。けれど、凄く見栄えがいい。黒鹿毛の馬体に首も長くて太い首。前から見たら少し線が細いようにも見えるが、それを補う品が漂っている。顔も細くて鼻ヅラまで伸びる流星が、カッコイイ。きれいな馬だった。

「お父さんは、何ですか？」

「サンデーです」

「えっ？……キャハハハッ、やっぱり。いや、僕もそうかなァ？とは思ったんですよ。だって、ほら？　前から見た感じ、ダンスインザダークにそっくりやないですか。あ、これはダービー勝つかも知れません。触らせてもろてもいいですか？」

サンデーの3歳の鼻ヅラ撫でながら、横目で村田を見ると、もう次の仕事に取りかかっ

ていた。僕は、サンデーサイレンスの子のわりに物静かな3歳馬を眺めながら、

「普通の人は、ここで〝結構いいところあるよ。背中も柔らかくてフットワークもいいしネ〟ぐらいは言うぞ」

などと胸の内でグチッた。結局、最後までこんな調子で取材は終了した。心に残ったのは、ダンスパートナーに見せた笑顔と、サンデーの3歳だけ。だから、この時のダンスパートナー物語は、馬が話をして、人は出て来ないものに出来上がった。

細心

後日、競馬雑誌を読んでいると、あのサンデーの3歳が載っていた。名前は、スペシャルウィークと決まったようだ。これから僕はトレセンで何度となく、スペシャルウィークと村田浩行が乗り運動をしている姿を目撃したが、村田は馬上でも寡黙な男である。

他の厩務員などは、互いに挨拶したり、馬の具合いを確かめあったり、前週の競馬をふり返ったり、結構、馬上で話をする。しかし、村田は挨拶する程度で、無駄話はしない。調教前と後の三十分ずつの乗り運動の間、やはり村田は黙々と乗っているだけだ。といって、何も考えずに跨がっている訳ではなく、村田は細心の注意をしてスペシャルウィーク

の馬上にいるのだ。

これだけの馬になると、最も怖いのは事故だ。突発的なものは仕方がないとしても、防げるものは防がないといけない。それが「仕事ですから」と村田は、まるで口癖のように、この言葉をよく使う。二十六歳で「仕事ですから」という渋い一言がこれほど似合う人も珍しいんではないだろうか？　まるでＮＨＫとかでよくある〝○×作り五十年、後継者を求めて〟みたいなドキュメンタリー番組に出てくる、昔ながらの職人が言った時のような威光があった。

乗り運動の際、村田には、馬に負けない三六〇度の視界が必要となる。スペシャルウィークは二年半のトレセン生活で、一度の放馬もない、おとなしい馬だった。それでも、何がどうなって馬が暴れ出すかは、勿論、村田にも分からない。そこで、もし何かの物音に驚いて馬が蹴った時、後ろに物でもあったら当然、大事になる。万一の事を考えて、村田は、なるべく周りに物がない所を歩かす事を心掛けた。また、トレセン内で最も多い物は、馬だ。朝のピーク時にはウジャウジャと馬が歩いている訳で、馬同士が接触する事もある。中には乱暴な奴もいる。首を縦に大きく振って厩務員を手こずらせる馬。両前脚高々と上げて乗り手を振り落とそうとする馬。後脚でピョンピョン蹴る馬。いずれの馬もひとつ間違えば大事故になる。それだけではなく、暴れる馬を見て、他馬が驚いて暴れ出す、というのはよくあること。村田は、目で見える所は目で確認しながら、後ろなど見えない所は耳などの感覚を張り巡らせている。

スペシャルウィークの日課としては、まず、厩舎周りを三十分乗り運動（ウォーミングアップ）して、馬場へと出る。調教を終えてからも、厩舎周りを乗り運動（クールダウン）三十分、というのが普通だ。大体、スペシャルウィークは決まったコースをグルグル、三十分歩く。この時、前の方に、チャカチャカしている馬を見つけたら、いつも右へ曲がる所を左へ曲がったりして回避しなければならない。

また、トレセン内でも乱暴者の常習犯は覚えとかなければならない。覚える、といっても馬名ではない。トレセン内では、馬名入りゼッケンのような親切なものはなくて、ただ白と黒（3歳馬は緑）のゼッケンに記された一～四ケタの番号で判別するのだ。しかし、そのゼッケンも横から見れば分かるが、乗り運動の際に後ろ、いわゆる馬尻《バケツ》を見ても分からない。それでは、どのようにして常習犯を見出すか？　一つは、乗り手、曳き手の顔と調教服。各厩舎によって調教服は違うから、青と白なら白井厩舎、黄一色なら岩元厩舎というふうにすぐ分かる。もう一つは、馬の毛色。○○厩舎の栗毛、と分かっただけでも、在籍二千頭以上の中から数頭に絞られる。そして、トドメは歩き方まで見極める。「〇〇厩舎の栗毛は、えらい外股で歩きよる」と、癖を見つける。ここまでくると、もう安心。村田が一人黙々とスペシャルウィークの馬上にいる事は、じつはそれだけ仕事に集中している証明なのだ。だからといって、乗り運動が終われば寡黙な男がペラペラと話す訳ではない。厩舎へ帰って洗い場で汗を流してやると、世界一稼いだ馬スペシャルウィークも、普通の馬になる。

「ブルブルブルブル」

嘶《いなな》いて、前脚で、

〝カツカツカツカツ〟

飯の催促をする。

こういう時に村田は、

「ちょっと待て」とか「はいはい、今やるから」と馬にはあまり語りかけない。

「よしよし」とか言いながら、スペシャルウィークの好物、バナナを一本やる。

「ムシャムシャ」

機嫌良く食べるスペシャルウィークを見て微笑んだあと、鼻ヅラを撫でてやる。村田とスペシャルウィークの会話は、話先行ではなくて、自然な動作の流れとして話しかけるようだ。スペシャルウィークはとにかくよく食べる馬。

「ずぅーっと、食べてます」

と言うように、与えたら与えただけ食べる。普通なら、太りそうに思えるけれど、スペシャルウィークは、他の馬とは運動量が違った。日頃、稽古にも跨がる村田でも、

「大丈夫かな？」

と心配するようなハードトレ。

「普通の馬なら、故障してても、おかしくないのに耐えてきた」

のは、この大食漢ぶりが支えてきた、と言っても過言ではない。

勿論、それだけではない。調教後の乗り運動では、周りの事ばかりに目をやるのではなく、鞍下の愛馬の少しの変化も見逃してはならない。たとえ、小さくても違和感があれば、すぐさま獣医を呼び、診察してもらう。早期発見こそが、良い状態を長く保たせる大きなコツだ。

こうした細かい気配りがあってはじめて、スペシャルウィークは、競走馬生活の中で大きなケガもなく、狙った競走を恥ずかしくない状態で出走する事ができたのだ。

村田は、黙々とスペシャルウィークとの二年半を過ごした。

強運

幼少の頃、おばあちゃんは僕によく言った。

「お前は、ホントにクジ運がいいネ」

近所の商店街のガラガラ抽選会では、よく鐘を鳴らしていた。駄菓子屋へ行っても、アタリ付きのアイスクリームを買うと必ずと言っていいほど、アタリと棒に書いてあった。時には四、五本続けて、アタリを引いて、次の日、下痢で寝込んだこともある。

父に、いきなり薄いブルーの新聞を見せられたのは七歳の時。

「洋一郎（本名）、どの馬が勝つと思う?」

と聞かれ、

「ケーキが六個で、ケイキロク」

今では一番嫌う、ゴロ合わせ馬券的発想の予想をしたのが、僕と競馬の出会い。このケイキロクが勝った時、僕は、競馬が面白く感じた。当時は、予想も結構、当たっていた。

ところが、最近はどうしたものか。よく駄菓子屋へ一人でフラフラと、ドテラを着て行くものの、アタリなど拝んだことはない。馬券の方も、サッパリである。もしかして僕は、あんなくだらない事で幼い頃に一生分の運を使い切ってしまったのか。近頃、ちょっと悩んでいる。

村田は、父も厩務員である。高校時代に馬術部へ入った時には、まだ、

「競馬の仕事をするつもりはなかった」

そうだ。日々、馬と接していく中で村田は馬の魅力に魅せられて、卒業後、牧場へ勤めに行く。この頃になると、

「競馬の仕事をしようかな」

ぐらいの意識改革が行われていた。そうした経緯でこの社会に飛び込んだ村田である。さぞ、馬の魅力を語らせれば、さすがの寡黙な男も熱く語ってくれるだろうと思い、聞いてみると、

「…………」

長い沈黙、ようやく口が開いたと思いきや、

「難しいですネェ」

短い一言で終わった。

「でも、この仕事やる気なかったのに、決心をしたんは、やっぱり、馬が好きやからでしょ？」

「……それもあるけど、この仕事が入りやすかったから……かな？」

結局は、村田の体に流れる父の血が騒いだ、という事のようだ。

村田が白井厩舎の厩舎人となって六年。この短い間に、なんと二頭ものＧＩ馬を担当した。それも、普通のＧＩ馬ではない、スターホースと言われる馬だ。これは、持って生まれた運の強さ、としか説明ができないほど凄いことである。僕の知っている厩務員の中では、「三年」勝ち星から遠ざかっていた人がいる。この人は、武豊騎手が自らの馬に騎乗する、というだけで、涙流さんばかりに喜んでいた。

「俺の馬、勝てるんちゃうか？」

嬉しさの余り大事な事を見忘れていたようだ。天才・武豊騎手とて勝率は、よくて二割五分。凄い数字だけど、七割五分は負けているのだ。案の定、この厩務員の馬は、武豊をもってしても負けてしまった。そうした人がたくさんトレセンにはいる。その中で、六年の間に二頭ものスターホースと出会えるというのは、ズ抜けた強運の持ち主だろう。けれど、最近、こういうズ抜けた強運の男が、あちらこちらに出現しているのだ。

僕の知っている人では、ファレノプシスの清水久詞調教助手とテイエムオペラオーの原口政也調教助手の二人。共に二十代後半で年も若く、厩舎人になって一年目にして、GI馬を担当した。

テイエムオペラオーの原口は、どちらかというと村田のような物静かなタイプ。ただ、ひょうきんな所も多分にあって、寡黙という感じはしない。いつも、飄々としている。厩舎内では、オペラオーと原口のコンビを〝飄々コンビ〟と名付けた。岩元市三調教師も、

「悪い言葉で言うと、トロイ、な」

と言う、原口の外見からは、これだけの運を引き付ける人には見えない。

もう一人の清水は、村田、原口の二人とは全然違う。黙々と仕事をする、というより明るく楽しくしている。言葉もテキパキとしてよくしゃべる。レース前のコメントなんかも、スケベ丸出しなくらい色気をもって挑む時と、あくまで挑戦者の立場で挑む時では、声のトーンからして違う。凄く分かりやすくて有難い。

以前、浜田光正調教師に、厩舎期待の超良血馬ファレノプシスを、なぜ、新人厩務員に任せたのかを聞いた事があった。僕のような素人には、危険の方が大きいような気がしてならなかったのだ。

「たしかに、冒険かな？という気もしたけどね。日頃の仕事を見てると、しっかりとやってるから、まァ大丈夫と思って、声をかけてみたんだ」

そのときさすがに清水は驚いたという。

「エッ？　ブ、ブライアンズタイムの3歳、ですか？」

「そうや。ハヤヒデの姪っ子や」

「え〜ッ！　ハ、ハヤヒデの……」

「うん？　いやか」

「い、いや、有難うございます」

この清水の純粋な動揺を見て、浜田調教師はニコリと笑った。

「いやネ。たしかに腕のいい厩務員は、うちにもたくさんいるから、任せればいいんだけど、そういう人達は、僕が、ああしろ、こうしろと言っても自分の判断でやったりやらなかったりするんだ。その点、若い子は、調教師の言う通りの事しかしないから、違った意味、安心できる。だから、清水に任せたんだ」

と言われていた。そう考えると、村田も原口も、偶然ではなく、調教師の計略が働いたのかも知れない。

それでも、村田の運の強さは、タダ者ではない。今や、時代は、サンデーサイレンスだ。サンデーなくしては、日本競馬は語れなくなった。サンデーサイレンスの子を担当するというのは、厩務員にとって、それだけで嬉しい事なのだ。そのサンデー産駒を何頭も世話できる村田は、恐ろしいほどツイている。けど、良血馬の担当が決まって、

「勝って当然や」

と思われる緊張感は、大変なものがあるはずだ。

「でも、サンデーサイレンスの子やから走るという訳やないですから」

やはり、感情がストレートに表われない。村田は、重圧《プレッシャー》というものを感じないのだろうか？　特にスペシャルウィーク級の馬になると、どの競走に出しても「勝って当然」というより「勝てる」と確信していても不思議じゃない。きっと、僕がスペシャルウィークの担当厩務員なら、

「セイウンスカイ？　ハハハハッ、ホントは弥生賞の時点で勝負づけは済んでますよ。当日は、鼻でもほじってレース観戦です」

と強気な事をベラベラと話した事だと思う。けど、村田から、そんな言葉が聞けるとは思えないし、新聞などでも目にした事がない。大レース前、村田はいつもどんな心境だっ

たのだろう。

「僕がイレ込んでも仕方ないですから、馬が走る訳やし」

言われればその通りだ。だからといって無心にはなれないはず。以前、競馬講釈「メジロブライト物語」の取材の時、山吉一弘調教助手は、

「どうしても人間が堅くなると、馬にそれが伝わってしまう。特に、持ち乗りはズゥーッと一緒ですからネ。だから、そういう意識を持たないようにしてるんです」

と言っていたが、なるほど、村田も、そういう精神状態を保とうと日々努めているに違いない。確信を持って聞いてみた。

「そう言われても、この仕事がそう長くないんで、まだ、よく分からないんですけど」

また肩透かしを喰った。でも、この一言で村田はなぜ、あまり多くを語らないか、という疑問が解けたように思えた。何と言っても六年である。僕の芸歴より短いのだ。それより、先に書いた三年前のダンスパートナーの取材時より随分と、自らの口で言葉を発している村田を見ると、偉そうだけど、「成長しはったなァ」と感じた。スターホースというのは、多くのファンがいて、ファン達は、その馬について色々と知りたい。知りたい人がいるから、僕たちは関係者に話を聞かせてもらう。ほとんどの人は親切に応えてくれるけ

れど、中には、全く相手にもしてくれない人もいる。「話すのは苦手」という気持ちも分かるが、愛馬の気持ちを代弁するつもりで応えてくれたらなぁ、と時折思う。前回の村田は、そんな印象でトレセンを後にしたのだった。

しかし、今回は違った。たしかに言葉少なではあったものの、仕事終わりの疲れている時に、嫌な顔せずに一時間付き合ってくれた。まさしく、スターホースを担当する人に相応しい人になったのではないだろうかと思った。そして一時間の取材の中で、「仕事ですから」という言葉の次に、よく耳にしたのは、「たまたま」という言葉だった。この一言こそが、村田の強運を物語っている。

スペシャルウィーク、ダンスパートナーという二頭と出会えたのは、当然、「たまたま」である。

その二頭の共通点で、サンデーサイレンス産駒である事も、「たまたま、走るサンデーの子が当たった」だけの事だった。

口癖

それでは、スペシャルウィークやダンスパートナーの父、サンデーサイレンスの産駒は、よく、気性の勝った馬、と言われるが、なぜ、村田の担当した二頭は、おとなしかったのか？

これは、岩元調教師が、テイエムオペラオーと原口の事を、

「馬も、やっぱり、やっとる（世話しとる）人間に似るんかのう」

と言っていた事から、寡黙な男、村田の手にかかれば、さしものサンデーサイレンス産駒も物静かな馬になってしまったと考えられる。

スペシャルウィークは、馬屋内では、食べている時以外は、ジーィッとしている馬だった。無駄なエネルギーを使わない、賢い馬。

そもそも馬の中には、狭い馬屋の中をグルグル回って止まらない馬や、反復横跳びのように体を左右に揺らす馬、「その元気を競馬で出せやッ」と思わず言いたくなるような馬が一杯いて、そうした馬をジッとさせるために厩務員は苦労する。またサンデー産駒によく見られるのが、とにかく口癖の悪い馬だ。口癖と言っても、

「クソッタレ」とか「バカヤロー」という事ではない。馬の口癖というのは、噛むことをさす。

僕の大好きだったイシノサンデーも、鼻ヅラ撫でてやっていると、油断したスキに「ガブッ」と噛みつきにきたし、現役ではロサードが、口癖が悪い、と悪名高い。ロサードは牡馬にしては小柄な馬で、馬体からは威圧感はない。ところが、人を寄せつけない雰囲気のある馬で、僕が馬屋の前へ行くと、必ず、耳を後ろに絞って、

「俺さまに近よんじゃネェ」

と言わんばかりに馬屋から顔を出す。

「噛まれる」

という怖さはあるけど、ロサードだ。少しでも手に触れておきたい気持ちを抑えられずに、恐る恐る近づくと、ロサードは僕を睨みつけてくる。

「やっぱり、やめよう」

と、手を引こうとした時、後ろから羽交い締めにされて、ドンドンと馬屋の方へ押されていくのだ。振り返ると、厩務員の戸高三郎が、「へへへッ」と笑っている。

「ロサード、噛みつけッ、ガブッといったれ」

僕は、絶体絶命の大ピンチに立たされた。

「あ～、噛まれるぅ～」

目をつぶって覚悟を決めた時、ロサードがヒョイと馬屋へ入っていった。

〝ジョロジョロジョロ〟

どうやら、小便の我慢ができなかったようだ。

「くそぉ」

戸高は悔しそうに、シャツを捲って脇腹のアザを見せてくれた。

「もう、しょっちゅう噛まれんねや」

痛々しいアザは他にも数カ所あったが、それは、ロサードの口癖の悪い証でもある。サンデー産駒はえてして、そういう性格の馬が多い。

スペシャルウィークを一度しか馬屋で見る事はなかったが、その時の印象で言えば、サンデー産駒特有の威圧感はなかった。どちらかというと、寡黙な馬だった。

「村田さんと似て、物静かやったんですネ。サンデーの子にしては珍しく」

「たまたま、気性のいいのが当たっただけですよ」

やはり答えは「たまたま」だ。僕は、うらやましくなった。僕の人生にも、時々でいいから、「たまたま」はこないものか。どんなことでもいい。

「たまたま、拾った馬券が、当たり馬券だった」

とか、

「たまたま、大会社の社長に気に入られてCMに起用してくれた」

とにかく、いい「たまたま」が僕は欲しい。僕の「たまたま」は、

「たまたま、買わなかったレースが本線的中で万馬券だった」

とか、

「たまたま、食べた生ガキに当たって、食中毒で死にかけた」

と、悪い「たまたま」ばかりだ。

僕は、「たまたま、ダービーを勝った」男に、くだらない質問をした。

「小さな頃、クジ運強かったですか?」

「いえ」

村田のこの一言で決定した。やはり、僕は、あの幼少の頃に一生のほとんどの運という奴を使ったようだ。騎手のコメントでよくみる「脚の使いどころを誤った」というのは、こういう事だろう……でも、待てよ、僕は、たまたま、仕事で強運の男とこうして出会っ

たのだ。この人についていけば、チャンスはあるかも知れない！　と、思い立った僕は、村田の現在の担当馬を聞いた。

　未勝利馬と未出走の二頭だったが、僕は、当分、村田の馬を追っかける事にした。

満足

　昔、田原成貴騎手のファンだった僕には、幾つか、印象深い田原語録がある。中でも、僕自身が今、痛感するのは、

「年に満足（納得）のいく競馬なんて、一つか二つくらいのもの」

という一言だ。僕も講釈師になって九年目になり、なんとなくその意味を理解しつつある。

　調教助手という仕事で、満足のできる仕事というのは、どういうものなのだろう。簡単に、考えれば、

「いい状態で出走させる」

　事だ。けど、いい状態といっても、別に基準がある訳ではない。まず、大事なのは、当たり前の事だが、

「アクシデントがない」

事から始まる。ケガは勿論、熱発、セン痛、カイバ食いがおちる。こうした症状がなければ「よし」とする。

次に、中間の調教過程。これは、個々の馬によってメニューは違うが、各々の競馬に使うまでの過程は大体一緒。無事にこなしていければ、文句なし。

「なんだ、簡単な事やんか」

と僕も思ったが、この二点をクリアするのが至難の業。

なぜなら、中間の調教過程に狂いが生じるのは、日常茶飯事だから。例えば、天候。大雨が降れば、坂路コースやWコースの閉鎖という事もあり、やむを得ずコースの変更や日にちを遅らすというのは珍しくないし、予定通りの時計、動きを、いつもするとは限らない。とんでもなく引っ掛かる時もあれば、何か物足りなく感じる時もある。そんな些細な事すら、全てクリアして競馬に出走させるのは、やはり、

「年に一、二回」

だそうだ。

村田が、スペシャルウィークと共に戦ったのは17戦。勝ったレースも負けたレースも、

日々、朝から晩まで同じ事をくり返して競馬に使ってきた。その中で、

「満足のいく」

競馬が一レースだけある。

2着以下を寄せつけなかった日本ダービーや、世界最強と謳われたモンジューを下したジャパンCも、勿論、

「いいデキで眺めた」

のは間違いない。けれど村田自身が、

「最コーに良かった」

と、興奮気味に語ったのは、平成十一年春の天皇賞だ。

4歳時からの好敵手、セイウンスカイが日経賞を、今までにない大人びたレース内容で快勝し、この年もまた、スペシャルウィークの前に立ちはだかる。そして、もう一頭。現役最強ステイヤー・メジロブライト。阪神大賞典で実際に勝っているとはいえ、まだまだ勝負づけが済んだ訳ではない。

戦前、第百十九回天皇賞は、〝三強〟対決と騒がれていた。

この頃から、スペシャルウィークには、

「どっしりした落ち着き」が備わって、村田の眼にも、成長の跡がはっきり見てとれるようになっていた後は、アクシデントがないように、レース当日(五月二日)を迎えられれば、結果は自ずとついてくる。

一週前の追い切りを終えた時点で、村田は、口唇をギュッと結び、気を引き締めた。

「順調すぎるぐらい、順調や」

勝ち負けを、あまり意識しない村田でさえ、「勝てそう」な気持ちが高まってしまうほどの状態を、スペシャルウィークは見せていた。

そんな事を知らない僕は、

「長距離はメジロ!」

と、昔ながらの格言を用いて、打倒スペシャルウィークに燃えていた。その上、

「メジロブライトが最有力、とは思いますが、菊花賞ん時のスペシャルウィークと寸法計れば、同じメジロでも、ランバートにも勝機あり!」

という、とんでもない予想を検討会やラジオの電波にのせて言っていた。

ちなみに僕は、こうして、あたかも、

「スペシャルウィークの事なら、俺に聞け」

とばかりに、能書き並べて書いているけど、スペシャルウィークの馬券は一度も買った事がない。ここまで書いときながら本当は〝アンチ・スペシャルウィーク〟なのだ。

村田に、この事を告げた時、静かに、

「うんうんうん」

と三度、首を縦に振った。

「気ィ悪ゥするかな？」

と腰をひきながらの質問だったが、思いのほか、村田は微笑んでいた。ダンスパートナーに見せた、あの微笑みだ。

天皇賞の週初め、スペシャルウィークの馬屋の前で、競馬週刊誌にズラーッと並んだ◎の印を見て、村田はスペシャルウィークに目をやった。顔、瞳、馬体の張り、毛ヅヤ、そしてほどよい緊張感。どれをとっても、村田は、

「最コーの状態」

と自負していた。しかし、それは自分だけの思い込みかも知れない。他人《ひと》は、今のスペシャルウィークを、どのように評価しているのか気になっていたところへ、この評価だ。

村田は、「ホッ」とした。同時に、スペシャルウィークに軽く微笑んだのだ。

競馬週刊誌の利用法は、人各々違う。厩舎関係者もほとんど全員の愛読書といってもいい。自分の馬の登録レースの相手関係や、予想印もチェックする。それを見ながら厩務員達は、話に花を咲かす。

「俺の馬、えらい人気ないな」

と印を気にする人もいれば、

「○○厩舎の馬はどうやら、△△厩舎の馬はこうやら」

と相手の事ばっかりを見てる人もいる。

珍しいとこでは、あくまでも、ファン向きのグラビアのページを眺めて、

「(記念写真)わしの所が切れとる。この親指、わしやがなァ」

となげいている人。真面目な人は、

「ほれ、この時点でまだ手前替えてへんやろ。でも、上の写真では手前替えとるんや」

と、レース分析に役立てている人もいる。

村田は、まず印に目を配って、自分が得ている感触と、専門家(他人)の見方が同じか、という事を確かめる事にしている。

村田自身が、「いい」と思った時に厚い印が並べば、

「ああ、人にも、いいと分かってもらえるだけの仕上がりになってるな」

と自信を持って送り出せる。逆に「いい」と思った時に評価が低いと、

「あれ?」

と不安になったりもする。村田にとって、競馬週刊誌は通知表のような役割を果たしているのだ。

「誰もが納得できる状態にあるな」

満足感一杯で雑誌を閉じた。スペシャルウィークともう一頭の担当馬の鼻ヅラを撫でてから村田は帰路につく。

家へ帰っても、今や、日本中が注目するスペシャルウィークの担当者としては、ひと時として、スペシャルウィークの事が頭から離れない。

「馬屋で、おとなしくしてるかな」「どっかぶつけたりしてへんかな」

思いつくのは悪い想像ばかり。人気馬の重圧というものを、この時ばかりは村田もヒシヒシと感じていた……。

ところが、村田は、家へ帰ってしまうと、全くと言っていいほど馬の事は気にならない。

それでは、スペシャルウィーク以上に夢中になるものがあるのかと言えば、特にこれッというものはない。ただ、TVでも見ながら、ボーッとしているだけ。この仕事からの切り替えの早さも村田の大きな武器となっている。

最終追い切りの日。ここまでは全て思った通りに事が運んできた。後は、この追い切りで鞍上の武豊騎手が、どのような手応えを掴んで引き上げてくるか。これが、村田には、最後の評価となる。

村田が思い描いた通りの動きをスペシャルウィークは見せた。

「いい動きでしたネ」

武豊騎手のこの第一声が、確たる自信になった。これからレースまでの四日間、アクシデントがない事を祈るしかない。

「勝たなければいけない」

そう思い始めたのもこの時からだ。

レース当日、京都競馬場。

スペシャルウィークを見た時、清々しい気持ちで大きく息を吸った。この日にまさか、この一言が言えるなんて。村田はスペシャルウィークを見つめて、こう囁いた。

「最コーの状態や」

村田には珍しく言葉先行の会話であった。

第百十九回天皇賞。結果は〝三強〟ではなく〝一強〟。スペシャルウィークの強さが、あまりにも際立って見えた。ファンの立場で簡単に言ってしまうと、「楽勝」のレースだ。しかし、この競馬がスペシャルウィークにとって、いかに厳しく激しいものだったのか、村田だけは分かっていた。

「おつかれさん」

この一言に込めた、スペシャルウィークに対する敬意と感謝の気持ちは、到底、第三者には理解できるものではない。けれど、

「満足いく状態」

で出走させる事ができ、想像以上の強い内容で勝ったことに対する村田の喜びの度合いを知れたなら、その一言に込められた想いが、少しでも垣間見る事ができるのではないだろうか。

何度も書いているけど、村田は、

「感情を表に出さない、寡黙な男」であり、

「たまたま、ダービーを勝った、強運の男」だ。当然のように、天皇賞を勝っても、喜びはしゃぐような事はしない。ただ、その他の栄光より村田に大きな喜びがあったのは、この天皇賞だけは「たまたま」ではなかった気がしたからだ。

トレセンへ帰り、スペシャルウィークを馬屋で休ませて、一日の仕事を終えた時、ジワーァと顔の筋肉がゆるみ始めた。一刻も早く家に帰って、ビデオを見たい。その一心で厩舎前に止めてある原付を目一杯に飛ばす。

第百十九回天皇賞のビデオは、数え切れないほど見た。ゴールを先頭で駈けるスペシャルウィークの姿を見る度に、村田は、

「凄い満足感」

に、酔いしれていた。

本性

「競馬へ行ったら、僕らは関係ないですから」

と村田は言うが、調教助手といってもやはり勝負の世界で暮らす、勝負師には違いない。ところが、村田からは、そういう「勝負に生きる男」的な雰囲気は全然感じなかった。た

だ、平成十一年秋の話になった時、村田の言葉に明らかな変化が起こった。

京都大賞典の大敗は、誰の目にも不可解だったに違いない。同じレースでテイエムオペラオーに騎乗していた和田竜二は、スペシャルウィークをマークする形で直線に向いた。

「何で伸びない？」

レース後、和田騎手はスペシャルウィーク失速を嘆いた。

マスコミもこぞって、謎の大敗を取り上げ、王者失墜のように騒ぐ。中には、批判めいた記事もあったりで、当事者・村田は、「なんで？」という思いが強かった。

「大体、先生からJCをピークにと言われてましたから、秋初戦という事もあって〝少し太い〟とは思っていました。それでも力でなんとかなると思って見てましたが……」

ショックが無かったと言えば嘘になる。しかし、ある程度は予測のできた一戦でもあった。それよりも、異常なまでにあの一戦で、スペシャルウィークの評価が下がった事の方が、村田のショックは大きかった。

秋の天皇賞前になると、

「これだけの成績を残してきた馬が、なんで、そこまで言われなアカンねん」

と怒りを覚えるほどに、スペシャルウィークの限界説が報道された。

「同じことをやっていても、勝ったら良く言われるし、負けたら悪く言われる」のは分かってはいても、村田には信じられなかった。

「クソッ、見とれ」

と胸中、誓った事は言うまでもない。

勝負に対する執念が、村田に芽生えた時でもあった。

その気持ちが乗り移ったかのような、天皇賞、ジャパンCの気迫のこもった走り。また、人の考えた通りに3走目のジャパンCでピークを迎えた、スペシャルウィークを見ていると、改めて、

「凄い馬やなぁ」

と感心するばかりだった。

「これだけの馬」スペシャルウィークの競走馬としての最終戦は、有馬記念。その舞台に相応しい好メンバーが揃う。中でも、宝塚記念で切って捨てられた、グラスワンダーの名前を見ると、メラメラ燃えるものがあった。なんと言っても、ファン投票第1位だ。村田は、その事を念頭において、日々の仕事に打ち込んだ。

「最後のレースだから、ファンの期待に応えるいい状態で出してやろう」

秋GI2戦での、体と心のケアに懸命に努めて、その時点で考えられる最高の状態で、有馬記念を迎える事ができた。

「グラスワンダーに勝ちたい」

——結局、村田浩行の願いは、夢と終わった。しかし、悔やむことは、何ひとつとしてない。

種牡馬となるべくスペシャルウィークが旅立つ時、村田は何も言わず微笑んだ。

(よく無事に走ってくれたな)

この一言しか、頭に浮かばなかった。寡黙な男らしい、愛馬との別れを終えると、村田浩行はまた、黙々と馬上の人となった。

■種牡馬編■

種牡馬ビジネスの第一人者 吉田照哉の思惑

取材・文／後藤正俊

日本馬産界のリーダー吉田照哉が、種牡馬としての素材のよさに惚れこみ、現役時代に購買を決めたスペシャルウィーク。フジキセキ、ダンスインザダーク、バブルガムフェローなど数ある「サンデーサイレンスの2世種牡馬」たちとの後継争いの行方を探る。

内国産種牡馬の厳しさ

スペシャルウィークの種牡馬としての将来は輝かしいものとなりそうだ。

競馬で大活躍した馬が引退して種牡馬入りすると、どの馬も優秀な産駒を残していくと思われがちだ。引退時の報道を見ていると〝期待〟の洪水なのだからそれも仕方がないが、これは現役競走馬と違って種牡馬にとっては「人気」が財産であるため、この財産を脅かすような報道が自粛されているからなのだ。評論家が「この種牡馬は失敗するだろう」と確信を持っていたとしても、それを書いたら訴えられる恐れもある。だからどんな馬でも名種牡馬になれそうな記事なのだ。

だが現実には種牡馬の世界は非常に厳しい。九九年に供用されたサラブレッド種牡馬は三百六十八頭（内国産種牡馬百九十三頭、外国産種牡馬百七十五頭）。これは九一年よりも二百三十一頭も減少しており、九八年と比べても三十一頭の減少だ。新種牡馬が三十頭とすると、この一年間で六十頭以上の種牡馬が廃用になっていることが判る。一頭の種牡馬の平均種付け頭数は三十三・六頭だが、これを内国産種牡馬だけに限定してみると、二十四・三頭になってしまう。この内国産種牡馬を交配頭数別に分類してみると、交配十頭以下に百二十四頭が入ってしまう。十一〜二十頭も十九頭もおり、なんと七五％近くの内国産種牡馬は、種牡馬として採算が取れない頭数（交配二十頭以下）しか交配されていないことになる。

内国産種牡馬の厳しさはリーディングサイアー成績を見るとはっきりする。九九年中央競馬リーディングサイアーでベスト10に入った内国産種牡馬は6位のサクラユタカオー一頭だけだった。50位までを見てみても、

11位　サッカーボーイ
14位　タマモクロス
15位　メジロライアン
18位　メジロマックイーン
21位　シンボリルドルフ
27位　アンバーシャダイ
31位　フジキセキ
33位　サクラバクシンオー
37位　ヤマニンゼファー
38位　トウカイテイオー

45位　ホリスキー
47位　バンブーアトラス

が入っているに過ぎない。50位までに十三頭だけである。
もうひとつのデータを示してみよう。九九年の主な内国産種牡馬の種付け頭数（交配二十頭以下）である。

イブキマイカグラ　3頭
オグリキャップ　13頭
カツラギエース　18頭
ギャロップダイナ　17頭
サクラホクトオー　3頭
スーパークリーク　2頭
ダイタクヘリオス　16頭
ダイナコスモス　10頭
ドクタースパート　3頭
ニッポーテイオー　4頭

ハギノカムイオー　3頭
ハクタイセイ　1頭
バンブービギン　1頭
バンブーメモリー　6頭
ビワハヤヒデ　8頭
ミスターシービー　16頭
メジロティターン　8頭
メジロパーマー　4頭
メリーナイス　7頭
モンテプリンス　4頭
ヤエノムテキ　7頭
レオダーバン　4頭
レッツゴーターキン　4頭

これらはいずれもGI勝ち馬であるにもかかわらず、交配頭数が二十頭にも達していない。サンデーサイレンスら人気種牡馬は二百頭近い種付けを行っているのとは大きな違いだ。なかには高齢になってきたために交配頭数が減少している種牡馬もいるが、まだ年齢も若く、産駒がようやくデビューしてきたばかりの馬もいる。ここには名前が出てきていないが、採算割れが続いて種牡馬を廃業し、誰に知られることもないまま静かにその生涯を終えているかつての名馬も数多くいる。

名競走馬が必ずしも名種牡馬になれるとは限らない。あの三冠馬ミスターシービーですら近年は交配相手が集まらず、二〇〇〇年からは種牡馬生活を引退してしまった（現在は千葉・千明牧場で余生を過ごしている）。一時は交配料が二千万円を超すことさえあったのだが、昨年はその価格が百分の一になっていた。シンボリルドルフにしてもトウカイテイオーという名馬を残すことはできたが、全体的な成績を見ると必ずしも期待に応えているとは言えない。オグリキャップもまたしかりである。種牡馬としては大成功を収められなかったとしても、その競走時代の勲章が少しも褪せるものではないのだが、世間はなかなかそうは見てくれない。本当に厳しい世界なのだ。

成功を確信できるデータ

このデータを見る限り、たとえスペシャルウィークとはいえ安閑とはしていられないのは確かだろう。だがスペシャルウィークにはいくつかの、成功を確信できるデータ、裏話もまたあるのだ。

スペシャルウィークはダービーを勝った直後に、トレード話が起こった。いろいろな事情もあったのだが、種牡馬としての将来を確信した吉田照哉を中心とした社台グループが、スペシャルウィークの半分の権利を買うことになったのだ。

話はすぐにまとまったが、権利が譲渡されるのは5歳一月以降。スペシャルウィークの4歳秋の成績は菊花賞2着、ジャパンC3着だが、いずれもセイウンスカイ、エルコンドルパサーには完敗の内容で、5歳以降に不安を残すものだった。しかも価格は半分の権利で四億五千万円。この金額は一般的に考えると、極めて高価な、リスクの大きなものだった。もし4歳秋の状態のままだったら、収得賞金の上積みはあまり期待できないし、種牡馬としての価値も落とすことにもなりかねない。故障して種牡馬入りに支障をきたす可能性だってある。サークル内では「ずいぶんと無茶な買い物を……」という声も出ていた。

だが吉田照哉には自信があった。決してスローペースではなかったダービーで上がり3ハロン35秒3のタイムをマークした瞬発力は、歴代のダービー馬のなかでも最高のものであると評価していたのだ。

吉田照哉の種牡馬に関しての相馬眼は、父・善哉（故人・社台グループ創設者）以上のものがあると言われている。十一年連続リーディングサイアーを獲得した名種牡馬ノーザンテーストを2歳時のセリ市で発掘したのも、スペシャルウィークの父サンデーサイレンスの購買をいち早く決断したのも照哉だった。この二頭の種牡馬がいまの日本の競馬を作り出したと言っても過言ではない。

ノーザンテーストは非常に背の低い馬で、顔は関係者には嫌われる白面。血統は優秀だったが、種牡馬として期待できるような馬ではなかった。サンデーサイレンスも競走成績は立派なものがあったが、血統的には目立たなかったことで、種牡馬としての評価はライバルのイージーゴアの方がはるかに高かった。だが照哉の直感は、この二頭の種牡馬としての才能を見抜いていた。

「種牡馬というのは失敗して当たり前のものなのです。自分と同じ能力を伝えることは多くの種牡馬ができますが、競馬は年々急速に進歩しているので、父と同じ能力の馬では活躍できません。自分よりも優れた能力を産駒に伝えることができる種牡馬が、数少ない名種牡馬と呼ばれる馬なのです。

どんな馬にも欠点はあります。その欠点を気にしていたら、種牡馬なんて買うことはできません。長所を探して、その長所がうまく産駒に伝われれば、父以上の能力が産駒に出ます。ノーザンテーストもサンデーサイレンスも、全体を採点すれば60～70点の馬なのでしょうが、部分的に見れば、例えば気性とか体の柔らかさなど、150点、200点の部分がありました。そういう馬が必ず成功するわけではありませんが、成功する確率は高いものです」

このような考え方が吉田照哉の相馬眼の基本となっている。スペシャルウィークのダービーで見せた瞬発力は、照哉のお眼鏡に適うものだったのだ。

その惚れ込みぶりはスペシャルウィークの血統がよく示している。血統が素晴らしいということではない。父サンデーサイレンスは吉田が経営する社台スタリオンSにけい養されており、シンジケートの半分の権利を所有している。母キャンペンガールは未出走馬である。門別・日高大洋牧場が大切に育ててきた自信の牝系ではあるが、一般的な〝良血〟ではない。もっと超良血のサンデーサイレンス産駒が社台グループには腐るほどいるのだ。

吉田照哉はサンデーサイレンスについて「この馬を手に入れたことで、自分で種牡馬を作れるようになったことが何よりも大きい。リスクを冒して高い馬を買わなくてもいいのですから、経営者としてこれほど助かることはない」と言っていた。サンデーサイレンスに超良血の牝馬を交配していれば、何頭かに一頭の割合で種牡馬にふさわしい馬が誕生する。わざわざ他牧場生産のサンデーサイレンス産駒を買う必要はないだろうに、それなのにあえてスペシャルウィークを購買したのだ。

しかも社台スタリオンSにはすでにフジキセキ、タヤスツヨシ、ジェニュイン、ダンスインザダーク、バブルガムフェロー、サマーサスピション、アグネスカミカゼといったサンデーサイレンス2世種牡馬がひしめいている。そのほとんどが百頭以上と交配する人気を集めている。もちろんサンデーサイレンス自身もまだ15歳と若く、まだ十年近くは種牡馬生活を続けていくことだろう。二〇〇一年か二年にはアドマイヤベガも種牡馬入りする予定になっている。いくらサンデーサイレンスが偉大でもこれだけ後継種牡馬がいたらもう飽和状態になっている。

◇サンデーサイレンスおよび2世種牡馬の九九年交配数

サンデーサイレンス	189頭
アグネスカミカゼ	33頭
アサクサゴーフル	9頭

イシノサンデー	66頭
エイシンサンディ	7頭
エックスコンコルド	17頭
サクラケイザンオー	22頭
サマーサスピション	92頭
サンデーウェル	46頭
サンデーブランチ	62頭
ジェニュイン	138頭
ダンスインザダーク	184頭
バブルガムフェロー	161頭
フジキセキ	93頭
マーベラスサンデー	107頭
メジロディザイヤー	36頭
ユウキサンデー	9頭
ロイヤルタッチ	96頭

そんな状況でも吉田照哉はスペシャルウィークにこだわった。それは成功する自信の表れだとしか説明できないことだろう。

そして吉田照哉の〝読み〟はもう八割方は成功している。共同所有となった5歳時に、春シーズンはＡＪＣＣ、天皇賞春優勝、宝塚記念2着、秋シーズンは天皇賞秋、ジャパンＣ優勝、有馬記念2着。この賞金だけで投資額のほとんどはもう回収してしまったのだ。つまりタダでスペシャルウィークの種牡馬の権利の半分を獲得したことになる。

しかもその種牡馬としての価値は、4歳時とは比べ物にならないほど高まっている。それはタイトルが追加されたことだけではない。サンデーサイレンス産駒はどちらかというと早熟なタイプに思われていたが、スペシャルウィークはこれまでのサンデーサイレンス産駒にはあまり見られなかった古馬になってからの成長力、長距離戦への適性、精神力の強さ、そしてなによりも脚元の丈夫さが示されたからだ。

唯一の「欠点」

サンデーサイレンス産駒に唯一欠点があるとすれば、あまりにもスピードと瞬発力があるために、脚元への負担が大きく、故障する馬が目立っていたことだった。それはサンデーサイレンス産駒がひ弱だということではなく、他の種牡馬の産駒に比べるとむしろ丈夫なのだが、活躍する馬があまりにも競走能力が高いために起こっていたことだった。

だがスペシャルウィークの場合は、母系に流れる在来牝系（シラオキ系）のタフさと、その母系に交配され続けてきたプリメロ～ヒンドスタン～セントクレスピン～マルゼンスキーというその時代の日本のトップ種牡馬たちの血が、その頑強な体を作ってきた。ローテーションのきつさから「不可能」と言われていた秋の中距離GI完全制覇は、有馬記念で惜しくも鼻差負けして実現できなかったが、準完全ができたのもスペシャルウィークの脚元が非常に丈夫で、常に万全の仕上げを続けられたからにほかならない。

スペシャルウィークの成長力、精神面の強さも、この母系の血によるものだろう。サンデーサイレンスは現役時代、ゴール前で前を走るイージーゴアに噛み付きに行ったほど気性の激しい馬で、その気性の激しさがたぐい稀な勝負根性となって表れていた。それだけに産駒も「気性で走る」と言われる馬が多い。だから精神面が安定している好調時は無類の強さを発揮するのだが、一度その緊張が解かれてしまうと元の能力を取り戻すことが難しい馬もいる。

ダービーまでは圧倒的な強さを見せながら、どこも悪いところはないのに4歳秋にはまるで別の馬のようにおとなしくなり、成績もまったく目立たなくなってしまったタヤスツヨシなどがその例だろう。だからサンデーサイレンス産駒の馬券を買う時は、「前走1着馬は格上げ初戦でも買い」「前走惨敗馬は相手が楽になっていてもハズシ」というのが鉄則となっている。「サンデーサイレンス産駒は早熟」といわれるのも、じつは成長力がないわけではなく、この精神面の長期間のキープが難しいからだった。

ところがスペシャルウィークは4歳秋の頭打ちと思われた状況から5歳春には見事に立ち直ったし、5歳夏の夏負けで秋初戦の京都大賞典で惨敗した状況から、GI3連戦では奇跡的な蘇りを見せた。他のサンデーサイレンス産駒のようにカリカリとしたところは見せない。追い切りではまったく動かず、レース当日のパドック、返し馬でも借りてきたネコのようにおとなしいが、いざレースになると剥き出しの勝負根性を見せる。精神的に非常に強いから、気力が萎えることがなかったのだ。この特質もサンデーサイレンス系を発展させるために非常に大きな意味がある。

吉田照哉に見込まれ、その期待通りの成長と成績を残したスペシャルウィークも素晴らしいが、この電撃トレードでは吉田照哉の偉大さを改めて感じさせた。天才的な相馬眼はもちろんだが、「他牧場生産のサンデーサイレンス産駒」という点へのこだわりがまったくなかったことが、彼の偉大さなのだ。

吉田照哉は「サンデーサイレンスの最高傑作はサイレンススズカだった。あの馬だったら世界制覇もできたはずだし、生産界を覆すような種牡馬としての働きもしていただろう」と語っている。そのサイレンススズカもまた他牧場の生産馬である。普通、社台グループほどの王国を作り上げた人間は、どうしても自信過剰となり、自分の作ったものが最高であると思いがちになるものだ。自分の商品に自信を持つことはもちろん大切なことだが、それが過ぎてしまうと企業の成長力が失われてしまう。だが吉田照哉はどこの牧場の生産馬であろうと「良い物は良い」という姿勢をいつも崩さない。それが吉田照哉という人物の名種牡馬を発掘できる才能の根本なのだろう。

サンデーサイレンスの最良後継種牡馬

スペシャルウィークのシンジケート総額は十五億円だった。つまり一株二千五百万円の株が六十株で構成されている。このうち半分を社台グループが所有している。エルコンドルパサーのシンジケートは十八億円だったから、これよりは見劣るようにも見えるが、スペシャルウィークのシンジケート価格が決定したのは5歳秋の活躍の前であり、もしこれが有馬記念の後であったら、二十億円、二十五億円になっていたかもしれない。

シンジケートというのは一般の競馬ファンにはあまり馴染みにないのでその仕組みもよく知られていないと思うが、一株を所有した会員は五年間の分割で支払いを行う。この五年間は種付け料を支払わなくても一頭分の種付け権利を行使できる。五年間が経過した後は、希望があればシンジケートが継続されるが、その時にはごく安い価格で提供される。また、余勢（シンジケート会員以外からの交配）が多く集まれば、その収入は株主に還元される。この五年後以降のこと、余勢を考えなければ、シンジケート価格の五分の一、スペシャルウィークの場合は五百万円がシンジケート会員にとっての種付け料に相当することになる。

だが前記したようにスペシャルウィークのシンジケート発足は時期が早かったため、実質的な種付け料（余勢種付け料）は七百〜八百万円と考えるのが妥当だろう。この価格は父サンデーサイレンスの二千二百万円には及ばないものの、トニービン、ブライアンズタイム、ラムタラ、アフリート、エルコンドルパサーなどとほぼ互角で、Ｎｏ２グループに入る。ダンスインザダーク、バブルガムフェローよりも上ということになる。

この種付け料は種牡馬の成否と大きくかかわっている。交配種牡馬の決定には血統の相性とか馬体などいろいろな要因があるのだが、なかでももっとも重要視されるのが「Best to Best」の論理である。つまり、優秀な繁殖牝馬には優秀な種牡馬を交配するということだ。種牡馬の優秀性をもっとも端的に示しているのが種付け料であるから、種付け料の高い種牡馬にはそれに応じた優秀な繁殖牝馬が交配されることになる。

種牡馬の成功の鍵の半分は、交配される牝馬の質と量が握っている。どんなに素晴らしい能力を持っている種牡馬でも、B級の牝馬ばかりと交配していたのでは名馬が誕生する可能性は低くなるし、交配頭数が少なくてもチャンスは低くなる。交配料を高く設定すれば良血馬は集まるかもしれないが、頭数は少なくなるし、低くすれば頭数は増えてもレベルは低くなる。それが種牡馬事業の難しいところでもあるのだ。

だがスペシャルウィークの場合、交配料は高いが、交配頭数も百頭以上になることは確実だ。日本のトップクラスの牝馬は父サンデーサイレンスの下へ行ってしまうかもしれないが、それに次ぐレベルの馬が集まる。これまではダンスインザダークやバブルガムフェローと交配されていたレベルの馬は、今度はより交配料の高いスペシャルウィークと交配されるようになるだろう。スペシャルウィークはサンデーサイレンスの最良後継種牡馬の地位を早くも確立しているのだ。

サンデーサイレンス系種牡馬の人気の高さは前記した通りで、交配料が高く設定されていても交配申し込みは殺到している。交配料の原則とはややはずれてしまうが、サンデーサイレンス系のトップ種牡馬に関しては、交配料の高さが逆にステータスになっているのだ。シャネルやヴィトンと同じなのだ。サンデーサイレンス系種牡馬が増え過ぎていることを懸念する声もあるが、需要が二千頭近くもあるのだから、次第に淘汰される種牡馬が出てきたとしても、スペシャルウィークはまったく安泰だ。

サンデーサイレンス2世種牡馬は、いち早くデビューしたフジキセキの初年度産駒があまり活躍しなかったことで不安も囁かれたが、そのフジキセキの二年目産駒はダイタクリーヴァを筆頭に、クラシック候補を続出させている。またタヤスツヨシ産駒からも地方で大活躍中のサンデーツヨシが登場している。エイシンサンディ、サマーサスピションの産駒も地方で順調に勝ち星を伸ばしている。決して交配牝馬の質に恵まれているとは言えなかったこれらの種牡馬の産駒が期待以上の成績を残しつつあることで、ここにきてますますその人気が高まっている状況なのだ。これからデビューするダンスインザダーク、バブルガムフェロー、マーベラスサンデーらの産駒がさらに活躍すれば、その影響はスペシャルウィークにも及ぶことになる。

社台スタリオンSの種牡馬管理の技術は定評があり、二百頭近い交配も難なくこなしている。スペシャルウィークも初年度から百五十頭以上と交配されることになるはずで、しかも生まれた産駒のほとんどは、その価格からいっても中央競馬でデビューすることになるだろう。中央でデビューするということはそれだけ大物が登場する可能性も高まるし、獲得賞金も増える。五年後にはリーディングサイアー争いで父に迫る数字を残すことも十分に可能だ。

世界へ

スペシャルウィークには単に種牡馬として成功すること以上に大きな夢がある。サンデーサイレンス系を世界へ広げることだ。

すでに九八、九九年にフジキセキが、九九年にはバブルガムフェローもオーストラリアでシャトル種牡馬（春シーズンは北半球＝日本＝で供用し、秋シーズンは南半球＝オーストラリア＝で供用される種牡馬のこと）として供用され、欧州からのシャトル種牡馬に負けないほどの高い人気を集めている。またサンデーサイレンスには九八年秋から毎年、オーストラリアの繁殖牝馬十頭程度が種付けのためにわざわざ来日している。九九年秋にはその初産駒たちがオーストラリアで誕生しており、二〇〇〇年秋のセールではかなりの高値で取引される見通しだ。

また、欧州からはサンデーサイレンス2世種牡馬をリースで供用したいという申し込みが、何年も前から来ている。これまでは日本の需要を満たすのに精一杯だったため、この欧州からの要望には応えられないでいたが、スペシャルウィークも種牡馬入りしたことで、二〇〇一年春には欧州へ渡る種牡馬も出てきそうだ。

スペシャルウィークは日本の貴重な財産であるから、すぐに海外で供用することは難しいかもしれないが、その産駒が海外でデビューすることは十分に考えられる。

毎年七月に開催されている当歳馬のセリ市「セレクトセール」は、サンデーサイレンス産駒など一億円を超える高額馬が続出するセールとして有名だが、九九年のこのセレクトセールではドバイのモハメド殿下の代理人が、サンデーサイレンス産駒3頭を購買した。フジキセキの全弟には一億七千万円の値が付けられ、現在はフランスで調教されている。欧州、米国、ドバイのいずれかでデビューすることになるだろう。親日家のモハメド殿下は日本産馬、特にサンデーサイレンス系を非常に高く評価しており、二〇〇〇年からはさらに予算をアップさせて、このセールで当歳馬を購買することが明らかになっている。モハメド殿下が参加したことで、このセールの名は一躍世界に知れ渡った。二〇〇〇年のセレクトセールには世界的な大物バイヤーがこぞって参加することになるだろう。サンデーサイレンスは米国の英雄であるから米国での知名度は問題ないし、欧州ではダンスパートナー、サンデーピクニックが活躍しており、米国以上にその評価が高い。

もちろん目当てはサンデーサイレンス産駒かもしれないが、二〇〇一年から登場するスペシャルウィークとエルコンドルパサーの産駒も注目を集めることは間違いない。エルコンドルパサーはサンクルー大賞優勝、凱旋門賞2着の実績で世界的な名馬の一頭に数えられているし、スペシャルウィークは国際GIジャパンCで、あの凱旋門賞馬モンジューを完璧にねじ伏せているのだ。モンジューは二〇〇一年からアイルランド・クールモアスタッドで種牡馬入りすることが決まっているが、その種付け料は一千万円を超えることになりそうだ。当然、産駒の価格もそれに応じて高くなる。それを考えると、欧州のバイヤーにとって輸送費を考慮してもエルコンドルパサー、スペシャルウィーク産駒を購買した方が得、という計算も成り立つのだ。スペシャルウィーク産駒がセレクトセールで取引され、世界を舞台に活躍することも、決して夢ではなく、ごく間近に迫った現実なのだ。

スペシャルウィークとエルコンドルパサーのライバル関係は、種牡馬としても注目されている。現役時代の対決は4歳時のジャパンCの1戦だけで、この時はエルコンドルパサーが完勝しているが、5歳になってさらに成長したスペシャルウィークがもう一度対戦したら、その結果は判らなかったことだろう。その二頭が同じ二〇〇〇年から、同じ社台スタリオンSを舞台に種牡馬として対決していくのだから、ファンとしても興味深い。

この二頭の比較について、社台グループの吉田照哉は次のように語っている。

「種牡馬としてどちらが大成するかというのは、正直言ってまったく判りません。ただ二頭とも世界最高レベルの種牡馬となる可能性を非常に高く持っているのは間違いありませんよ。欧州で競馬を使っているエルコンドルパサーはその能力がもうはっきりとしていますが、もしスペシャルウィークが欧州へ行っていても、エルコンドルパサーと遜色ない成績を残していたと確信しています。

ジャパンCでモンジューを破ったことを、〈相手は物見遊山で来ていたのだから参考にならない〉と過小評価する評論家がいますが、私はそうは思いません。以前のジャパンCなら物見遊山というか、日本馬をナメてかかってくる馬もいたかもしれませんが、いまはみんな真剣に勝ちに来ていますよ。最近はジャパンC来日馬の質が下がっているように思われるかもしれませんが、これは本当のトップクラスの馬でなければ日本馬には勝てないという認識が強くなり、セカンドクラスの馬が回避してしまうからそう見えるだけなのです。トップクラスの馬は真剣ですよ。モンジューにしてもあれだけの成績を残している馬ですから、ジャパンCで変なレースをしたら種牡馬として傷が付いてしまいます。馬場の適性とかもあったでしょうが、真剣に勝ちに来てあの成績というのが、いまの欧州馬の実力ではないでしょうか。

だから九九年の年度代表馬の選定は少し疑問がありますね。エルコンドルパサーとスペシャルウィークの二頭を種牡馬として供用している公平な立場から見ても、欧州での実績を過大に評価しすぎだと思います。ジャパンCは凱旋門賞と比べても見劣らないレースのレベルがあると思います。日本馬のレベルはそこまで高くなってきているのですよ。だから日本のホースマンとしては、日本のGⅠと欧州のGⅠの評価を少なくとも互角に見てもらいたかったですね」

潜在能力はどちらが上か判らないが、九九年の成績だけを考えればスペシャルウィークの方が上、というのが吉田照哉の考えだ。立場上、種牡馬としてどちらが上ということは言えないのは当然だが、社台グループの種牡馬購買の方針を見ていると、血統とか潜在能力よりも、まず競走成績が良い馬を優先して購買しているのが判る。「凱旋門賞馬は種牡馬として失敗する」という定説があった時代に、あえてトニーピンを導入して成功させたり、ライバルであったシンボリ牧場のシンボリルドルフ産駒であるトウカイテイオーを供用したり、とにかく強い馬にはこだわりなく興味を示してきた。この方針通りであるとすれば、内心ではエルコンドルパサーよりもスペシャルウィーク、という気持ちが働いているかもしれない。あくまで想像だが……。

これまで日本は「名馬の墓場」と揶揄されてきた。世界的名馬を円の力に物を言わせて買いまくっておきながら、その血が再び日本から世界へ広がることがなかったためだ。これは日本の競馬関係者にとっては非常に屈辱的な言葉だった。だからサンデーサイレンスを導入した時に吉田照哉は「サンデーサイレンスの血を必ず世界に広げます。それがこれだけの名馬を手にした者に課せられた義務です」と語っていた。

その言葉通り、サンデーサイレンスの血は徐々に世界へ広がろうとしているが、日本がもう決して名馬の墓場ではないことを世界にアピールするためには、もっと強烈な印象を与えるための駒が必要だった。吉田照哉氏にとってそれがスペシャルウィークだったのだ。サンデーサイレンス産駒の内国産馬種牡馬スペシャルウィークがその力を世界で証明すれば、それはサンデーサイレンスを売ってもらった恩返しになると同時に、日本の競馬のレベルの高さを世界に知らしめることにもなるのだ。

二一世紀の日本の競馬を変革させること、それが種牡馬スペシャルウィークに課せられた最大の任務である。

著者紹介

島田明宏　しまだ・あきひろ
64年北海道生まれ。スポーツライター。著書に『「武豊」の瞬間』（集英社）、『蛯名正義フォトエッセイ　冷めて、静かに、熱くなれ』（講談社）など。『黒の軍団チーム田原』（ブックマン社）シリーズの総合プロデュースも手がける。

乗峯栄一　のりみね・えいいち
55年岡山県生まれ。作家。98年「朝日新人文学賞」受賞。スポーツニッポン（関西版）に競馬予想コラム「乗峯栄一の賭け」連載中。著書に『なにわ忠臣蔵伝説』（朝日新聞社）『お笑い競馬改造講座』など。

望田潤　もちだ・じゅん
66年京都府生まれ。競馬通信社編集部。月刊「競馬通信大全」では重賞勝ち馬や新馬勝ち馬の血統解説を担当。著書に『POG2000』『2000年クラシック必勝ガイド』（共に競馬通信社）など。

村本浩平　むらもと・こうへい
72年北海道生まれ。スポーツライター。先日社台スタリオンSでの種牡馬展示会で改めてスペシャルウィークを見た。たたずまいが他のサンデーサイレンス種牡馬と違ってるな、と思ったら事務局の徳武さんからこういわれ納得した。「母系のせいかな。この馬はどこか日本馬って感じがするよね…」。

旭堂南太平洋　きょくどう・みなみたいへいよう
73年大阪府生まれ。競馬講釈師。競馬に命を懸けてきたが、昨年から何かの間違いでNHK教育テレビ「ストレッチマン」（月・水10：15〜）にレギュラー出演。週末は「取った！負けた」といっている人間が平日は幼児番組に…。

後藤正俊　ごとう・まさとし
59年東京都生まれ。馬産地ライター。「報知新聞」「ハロン」などにコラムを執筆。春を迎え、愛犬たちが出産ラッシュ。多産だから血統名を考えるだけでも大変。

●執筆
島田明宏、乗峯栄一、望田潤、村本浩平、旭堂南太平洋、後藤正俊

宝島社新書

スペシャルウィークのつくり方
（すぺしゃるうぃーくのつくりかた）

2000年4月24日　第1刷発行

編　者　別冊宝島編集部
発行人　蓮見清一
発行所　株式会社 宝島社
〒102-8388 東京都千代田区一番町25
電話：営業部 03(3234)4621
編集部 03(3239)0069
振替：00170-1-170829 (株)宝島社

印刷・製本：図書印刷株式会社

本書の無断転載を禁じます。
乱丁・落丁本はお取替えいたします。
COPYRIGHT © 2000 BY TAKARAJIMASHA, INC.
ALL RIGHTS RESERVED
PRINTED AND BOUND IN JAPAN
ISBN 4-7966-1786-8

やっぱり売れてます！

今月の新刊（好評発売中！）

性格の本
もうひとりの自分に出会うためのマニュアル
別冊宝島編集部◎編
定価：本体600円＋税

変態さんがいく
倒錯した性こそわれらが人生
別冊宝島編集部◎編
定価：本体657円＋税

わかりたいあなたのための
現代思想・入門
サルトルからデリダ、ドゥルーズまで知の最前線の完全見取図！
小阪修平／竹田青嗣／志賀隆夫◎他著
定価：本体714円＋税

道具としての英語 基礎の基礎〈完結編〉
300万部の大ベストセラー別冊宝島「道具としての英語」シリーズ待望の文庫化！
副島隆彦◎編・著
定価：本体571円＋税

激白。プロレスラー烈伝
総勢24人のレスラーが放つ熱い肉声！
別冊宝島編集部◎編
定価：本体657円＋税

ザ・詐欺師
M資金からカード詐欺まで 詐欺師が明かす騙しのテクニック
別冊宝島編集部◎編
定価：本体648円＋税

マンガ版「麻雀やろうぜ！」
本邦初！全37手役を爆笑マンガ化!?
別冊宝島編集部◎編
定価：本体600円＋税

愛しの競走馬たち
大爆笑必至！の競馬ブンガク短編集
別冊宝島編集部◎編
定価：本体657円＋税

クラッシュ
サイバー・テロの恐怖を予見した怒涛の大長編!!
楡周平◎著
定価：本体848円＋税

重版出来！
クーデター〈COUP〉
現代日本の危機を抉《えぐ》り出す長篇サスペンス
楡周平◎著
定価：本体762円＋税

ベストセラーしか文庫にしない！

宝島社文庫

http://www.takarajimasha.co.jp/宝島社